培养孩子的自我保护能力

王学明 主编

让孩子学会保护自己

保护自己，远离危险！

父母不可能每时每刻陪在孩子身边。

让孩子学会提高警惕，避免伤害，父母才能安安心心。

父母给孩子最好的保护，就是让他学会自我保护！

特别感谢

林道成　于富荣　刘红梅　刘子嫣　韩珊珊

商芬霞　安　雷　于富强　王春霞　于凤莲

王勇强　曹烈英　于国锋　刘　玫　刘　蕊

覃思正　贾　刚

目录

第3章 校园内外，孩子要学会保护自己

第4章 教孩子做自己的“交通守护神”

第5章 社会复杂，孩子需学会保护自己

第6章 网络世界中，让孩子学会自我保护

第7章 女孩要比男孩更懂得自我保护

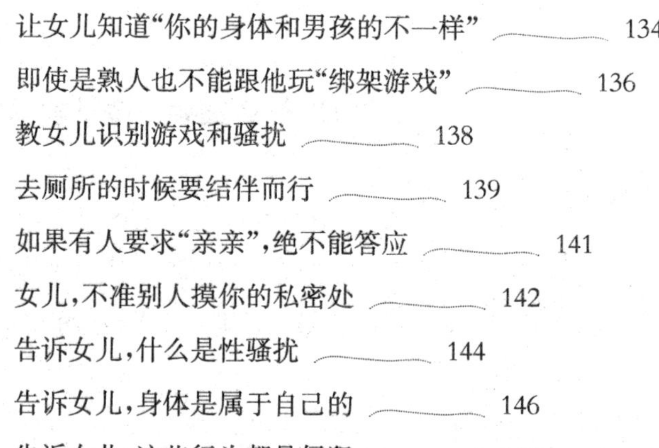

第8章 面对突发意外要学会保护自己

第9章 面对生活中的“怎么办”，为父母支招

前言

从认识“自我保护能力”开始

0—8 岁的孩子处在人生的第一个生长发育期，他们天真、纯洁、美好，是含苞待放的花骨朵儿，是祖国未来的栋梁。从孩子呱呱落地的那一刻起，他们的身边一直伴随着父母忙碌的身影，父母照料他们的衣食起居，为他们的健康成长保驾护航。

这个时期的孩子，身体发育速度快，大脑以及神经系统发育稳定并逐渐趋于成熟。他们的形象思维能力相较于逻辑思维能力来说更成熟，更容易接受直观具体的事物，但对于单纯的文字、数字的理解能力较差。在心理上，这个时期的孩子有好奇心强、求知欲强、思维简单、冲动、注意力容易转移、易受暗示、模仿性强等特点。孩子的这些生理和心理特点，决定了他们在现实生活之中无法很好地保护自己，稍有疏忽就很容易遭受生理或心理上的伤害。

可是在现实生活中，父母不可能每一分每一秒都守在孩子的身边，而孩子的成长也必须要有自己的空间，不能一直生活在父母的羽翼之下，靠父母来庇护他们。那么当孩子独处时，孩子要依靠什么来保护自己呢？那就是自我保护能力，它才是孩子最坚实的保护神。

当今社会，孩子的意外伤害率、死亡率一直高居不下，究其原因，其实很简单，就是因为孩子缺乏自我保护意识和能力。在家里，运转的洗衣机、开水壶、锅碗瓢盆乃至一块积木都可能给孩子带来损伤。出门在外，无论是在幼儿园、街道上，还是在户外，孩子还要防范那些人为带来的伤害，陌生人的邀约和胁迫、校园暴力都会给孩子造成不同程度的伤害，甚至威胁到他们美好而又脆弱的生命。这些事故给孩子带来的伤害是无可挽回的，只在那短短一瞬，孩子就可能与生命失之交臂，匆匆地离开他们所眷恋的世界。为了避免这样的遗憾，才有了这本书的诞生。在书中，作者通过对生活细节的解析，从中找到里面所存在的安全隐患，让父母能够在第一时间把这些信息传递给孩子，使孩子在潜移默化之中培养自我保护能力，保证他们的生命安全。为了孩子健康美好的明天，就请各位父母翻开本书，哪怕阅读一个故事，也会从中受益。

作者

2012.9.6

第1章 父母不可不知的八件事

自我保护能力到底有多重要?

现在的社会十分复杂,孩子的成长道路和以前相比也充满了更多的变数。在孩子成长的过程中接触到的事物,一个果冻,一支铅笔,沿途经过的一辆汽车,走在街上遇到的陌生人,都可能会伤害到孩子。无论是在家里、学校,还是公园里，孩子总是在磕磕碰碰中成长。在成长过程中，父母是孩子的领路人，在保护孩子不受伤害的同时，只有不断培养孩子的自我保护能力，才能让孩子成为一个独立健康的人。

案例

七岁的岚岚非常喜欢和小朋友们一起玩耍，他的爸爸妈妈非常注重培养岚岚的自我保护能力，时常会告诫岚岚在玩耍时要注意周围的环境，遇到突发情况不要慌张，不要轻易相信陌生人，遇到事情要及时向成年人求助。这让岚岚受益匪浅，遇到许多突发情况他都能化险为夷。

有一天，岚岚和他的几个好朋友一起到小区附近的公园玩耍，公园很大，设施也很齐全，孩子在公园里时而玩滑滑梯，时而在沙堆里打滚，时而在草坪上嬉戏，玩得十分开心。小朋友们玩累了，就一起躺在草坪上休息。这时小明哭了起来，原来小明的腿被趴在草丛里的小蜈蚣给咬了一口。岚岚见到这种情况，十分着急，因为爸爸告诉过他，被蜈蚣这类有毒的虫子或者蛇咬了之后，千万不可以哭，要保持冷静，否则会加速毒液的扩散。他赶忙把衣服脱了下来，扎在了小明的腿上，防止毒液扩散，然后让其他几个小朋友赶紧去打急救电话。不一会儿，救护车就到了，医生和护士赶紧对小明的伤口进行处理，并且让小明吃了药，小明这才慢慢好转了。正是因为岚岚的机智勇敢，才让小明化险为夷。后来，这件事被孩子们的父母知道了，大家都夸岚岚是一个机智、勇敢、聪明的好孩子。

孩子们外出玩耍，是一个探究新鲜事物、体验新奇感受的过程，但是在这个过程中，状况是复杂多变的，危险随时都可能会发生，一旦把握不好就会引起事故的发生。如果大家都能像岚岚的父母一样重视对孩子的自我保护能力教育，就能为他们的成长保驾护航，甚至对他们的一生都有极其重要的作用。

因此，家长们应该好好反省，有没有对以下问题有所重视：

1. 随时随地培养孩子的安全意识

有的父母一看到孩子碰倒水杯，便慌忙将他抱走，怕他烫着；看见过马路有车，赶紧将孩子抱起来，怕他摔着。但事后却不叮嘱孩子应注意的问题，这样孩子永远也学不会自我保护。

2. 注意孩子在生活中的安全细节

有的家长把电视放得很高，不让孩子去碰触，殊不知孩子天生好奇，如果刻意地限制他们有可能会适得其反。有的孩子可能会站在桌椅上开电视，万一不慎摔下，轻则流血，重则脑伤，实在得不偿失。类似的情况还有很多，造成的危害有大有小，这需要家长在培养孩子自我保护能力时考虑周全。

3. 父母平时也要注意自我保护

教育要以身作则，有的家长自己就没有自我保护的意识，更别提会对孩子有所帮助，如有的家长边接电话边开车，过马路不看红绿灯等，这些行为都会对孩子造成很坏的影响。

切忌对培养自我保护能力不以为然

孩子活泼、好动，对一切都充满好奇。许多东西，在他们看来都是新奇有趣的，都想看一看、摸一摸，可是他们年幼无知，缺乏必要的生活经验，能力和体力也十分有限，因此，常常不能清楚地预见自己的行为将产生的后果，往往会对自己造成伤害。面对一些突发情况，他们也不能作出正确的判断，很容易置自己于危险之中，缺乏必要的自我保护能力。所以，孩子的家长不能想当然地认为，有老师或父母在就安全了，因而对培养孩子的自我保护能力缺乏必要的重视。

案例

小飞今年六岁了，是幼儿园大班的小朋友。小飞是一个好孩子，平时在幼儿园表现很好，在家也很听爸爸妈妈的话，从来没让幼儿园老师和爸爸妈妈操心。幼儿园离家很近，就在小飞所住小区的旁边，平时爸爸妈妈工作很忙，每天放学，小飞就自个儿背着小书包回家。

有一天晚上下了场大雨，路面又湿又滑，路边的大树在台风的袭击下倒在地上，电线杆上的电线也被大树刮断了，耷拉在湿湿的地上。第二天小飞上学经过这里，可是他没有远远地绕开，直接从大树的旁边走了过去。就在这时，意外发生了，强大的跨步电流，将小飞击倒在地。幸亏路过的好心的叔叔阿姨及时发现，拨打了急救电话，在医生们的救治下，小飞这才脱离了危险。

事后，据小飞说，他并不知道那样会发生危险，平时爸爸妈妈也没有告诉他若是看到电线断了就要远远地绕开，这才酿成了事故。这时，小飞的父母才意识到孩子自我保护能力的重要性。

因为小飞平时乖巧听话，从不让爸爸妈妈和老师操心，使小飞的家长忽略了对他的安全教育，疏于培养他的自我保护能力，小飞因此才会被交流电击伤。孩子毕竟是孩子，就算再懂事听话，但由于生活阅历所限，对突发情况仍很难自如地应对。因此，无论在何时，都不应该疏忽对孩子的安全教育和自我保护能力的培养，否则意外随时都可能降临，甚至酿成事故。

在生活中，因为缺乏安全教育，这样的事故也屡见不鲜。曾经，有一个八岁的小女孩在学校里和同学玩跳马时玩闹，结果造成了九级伤残；还有一个淘气的小男孩在爬墙时，围墙忽然倒塌，导致这个小男孩永远失去了右腿。这些血淋淋的教训应该让我们警醒，千万不能对培养孩子的自我保护能力不以为然了。

安全教育要从点滴做起

现在，每个家庭几乎都只有一个孩子，每个孩子都是家里的宝贝，只要有一点点磕磕碰碰，孩子的父母都会心疼得不得了。平时在新闻、报纸或者是网络上面看到一些和孩子相关的安全事故的新闻，父母会心有余悸，害怕自家孩子也发生类似状况。于是回到家中，立马对自己的孩子进行安全教育，可是没等三把火烧完，孩子父母的警惕性就降到了原点，许多安全隐患依然没有得到解决，孩子的安全意识也并未得到提升。

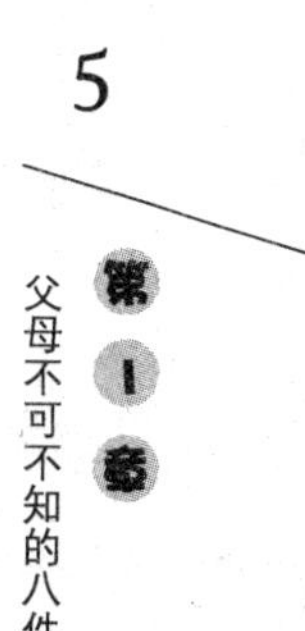

案例

小刚今年五岁，和别的小男孩一样，他也是一个顽皮好动的孩子。平时他最喜欢的就是和同学一起玩闹，最烦的事，就是坐在教室里听老师讲课。每天上课，小刚如坐针毡，总是动来动去。但是今天有些奇怪，平时爱跳爱闹的小刚坐在位子上显得格外认真，眼睛瞪得大大的，满是好奇。原来今天上课的老师，并不是幼儿园老师，而是身穿迷彩服的军人叔叔。

这些军人叔叔全部是消防队员，来到幼儿园，是为了给小朋友们讲消防安全知识，让小朋友们知道安全的重要性，告诉小朋友们不要玩火，不要到危险的地方去，要做一个消防安全小卫士。在课堂上，消防队的叔叔们不仅给小朋友们讲解了基本的消防安全知识，还现场演示了一些消防器材的用法。消防队的叔叔还模拟火灾现场，告诉小朋友们发生火灾时如何逃生、如何自救。在最后，这些消防队的叔叔们还跟小朋友们手拉手一起唱消防安全的儿歌。这种寓教于乐的方式，小朋友们不仅玩得开心，也学到了许多自我保护的安全知识。在这之后，每隔一段时间，消防队员们就会来到这里，给小朋友们上课，孩子们渐渐也养成了良好的行为习惯，提高了安全意识。

上述案例告诉我们，对孩子的安全教育，父母不能一时脑热，记起来就说两句，若是忘了也就不闻不问了。在平时生活中，安全教育要从一点一滴做起，让安全意识进入孩子的内心深处。孩子的父母平时可以这样做：

1. 给孩子买一些有关安全知识方面的画册

小孩子对图像的刺激比较敏感，形象的图案配上少量的文字，能够让孩子更容易明白其中的道理，逐步建立起自我保护的知识体系。这样，当孩子遭遇到危险时，在他们的脑海里很快就会出现画册中的情景，并对这些突如其来的危险作出正确的回应，避免危险的发生。

2. 安全教育要从身边的一些小事抓起

事故的苗头都是隐藏在生活的一点一滴里的，孩子的父母，更是应该注意这些细节。不要将孩子交给不熟悉的人照看；厨房里的刀具使用完毕之后一定要及时收好；要把药物收好，不能让孩子轻易拿到；用完煤气之后要及时关闭等等，都是孩子的父母需要注意的。只有平时在细节上谨小慎微，才能将孩子的安全隐患降到最低。

尽量避免小孩子独处

在现代的社会，有些家庭中父母的工作都很忙，平时都要出去上班，常常把孩子一个人放在家里。孩子大多都是活泼好动、不甘寂寞的，一个人在家里总喜欢动动这个，玩玩那个。他们时而推门关门，时而爬到高高的柜子上“探险”，甚至拿起塑料袋套在头上当“蒙面超人”。若是父母不在家，孩子的这些行为很可能会造成极其危险的后果。所以，为了避免这些意外的发生，尽量不要让孩子独处。

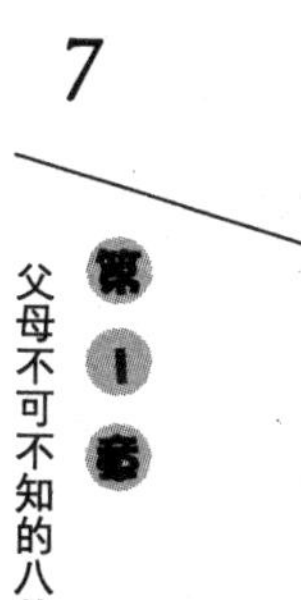

案例

三岁的妞妞独自在阳台上玩耍，因为看到楼下人来人往十分好玩，机灵活泼的妞妞就将头自栏杆的缝隙探了出去，结果不慎被栏杆给卡住了。年幼的妞妞一动也动不了，于是大声哭了起来。情急之下，妞妞就将身子不停地往栏杆外面钻，情况十分危险。好在这个情况被一位路过的好心人发现了，这位好心人赶忙拨了电话，报了警，然后朝楼上大声呼喊，让妞妞不要乱动。妞妞在好心人的安抚下，情绪也平静了不少。没过多久，警察到了，看到这种情况后，赶忙跑上楼，不断地敲小女孩家的大门，但是却无人响应。万般无奈之下，警察只好用暴力破门而入，急忙冲向阳台，这才把妞妞给救了下来，这场危机才总算化解。

事后经过了解才知道，妞妞的父母都是工厂的工人，平时上班都很忙，根本没有时间陪妞妞，于是经常将妞妞一个人关在家里玩耍，这才导致了上述危险一幕的发生。

这个故事告诉我们，小朋友独处的时候，是很容易发生危险的。不能因为孩子在家里或者在家附近玩耍，父母就麻痹大意了，其实这个时候是最容易发生危险的。因此，就算孩子是在熟悉的环境玩耍，也应该要有大人陪伴，尽量避免小孩子独处。除此之外，父母应该要多花些时间跟孩子沟通交流。

孩子是很需要跟父母多多接触的。父母是孩子的第一任老师，多多接触不仅可以避免很多危险的发生，也可以有效地促进双方情感的交流，使亲子关系变得更融洽，有助于孩子身心的健康成长。

孩子一个人在家时，家长应该这样做

很多时候父母会因为工作等各种原因，并不能每一分每一秒陪在孩子身边，孩子难免要在家里独处。遇到这种情况时，父母在离家前，做好必要的防护措施就显得十分重要了。

案例

小源今年六岁，正是活泼好动的年龄。小源的父母都是上班族，平时工作很忙，没有时间照顾他。经常小源都要一个人呆在家里。今天和往常一样，父母都去上班了，小源一个人在家里画画、看电视。忽然，他发现爸爸妈妈的卧室里冒出了滚滚的浓烟。小源吓了一跳，急冲冲地去开卧室的门，打开门之后，小源惊呆了，爸爸妈妈的床铺竟然被点着了。小源害怕极了，想要马上逃出家门。可是，小源的爸爸妈妈为了防止小源偷偷溜出去找小朋友玩，早就把门反锁了。眼看着房间里的浓烟越来越大，门却压根无法打开，小源急得哭了出来。好在，小源平时看电视，知道了一些简单的消防知识，急中生智的小源跑到卫生间里躲了起来，朝窗外大呼救命。

所幸的是有行人看到了小源家冒出的滚滚浓烟，赶快拨打了119，在消防队员的努力下，才及时扑灭大火，将小源从火场中救了出来。事后，经过了解才知道，原来因为公司有急事，小源的妈妈匆匆离开了家，家里的电热毯却忘了关掉，引发了这次火灾。对于差点造成失去自己儿子的行为，小源的妈妈懊悔无比，当场就哭了出来。

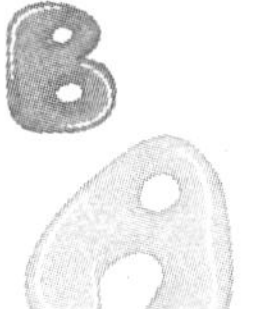

小源的父母在这件事情上，要负全部的责任，出门忘了关掉电热毯，还将小源反锁在家中，两个大忌差点带来不可挽回的后果。好在小源有一些自我保护能力，才化险为夷平安无事了。所以父母要将小孩单独留在家中时，一定要作好以下几点准备：

1. 检查家中的设施是否安全

孩子的父母要出门时，一定要检查家中的门窗是否关好，家里的电器是否安全，还要检查煤气、天然气阀门是否关紧。此外，父母还要将家中的药品、刀具以及开水壶等物品放好，防止孩子乱动进而造成危险。小孩单独在家时，父母千万不要将大门反锁，避免发生意外事故时，外人无法救援。

2. 嘱咐孩子一些必要的安全事项

出门前一定要告诫孩子，陌生人敲门绝对不可以开门；有陌生人打电话过来，不要透露家庭信息；若是发生危险要及时求援，并且告诉孩子求援的方式。

3. 和邻居沟通，寻求帮助

孩子若是要单独在家，孩子的父母可以事先跟邻居打好招呼，请求邻居帮忙照看，告诉邻居联系方式，拜托邻居若发生什么事，务必拨打电话告知。

邪恶的魔爪已经伸向了儿童群体

校园本是一片净土，孩子可以在校园里学习、游戏，无忧无虑地度过童年这段美好的时光。可是现在，有越来越多邪恶的魔爪伸向了这片净土，伸向了这些天真无瑕的孩子们。敲诈勒索，每一天都可能会发生在孩子身上，拐卖儿童的案件也从未间断地发生在校园周边，更让人愤怒的是，还有一些丧心病狂的人，竟然拿起屠刀斩向我们无辜的孩子。面对这些环绕在孩子身边的罪恶，父母要怎样保护孩子呢？

案例

小宇七岁，刚刚上小学一年级。这个可爱的孩子，小脸上总是挂着纯洁的微笑。若是在路上见到熟悉的叔叔阿姨，总是会主动问一声好。这天清晨，小宇的妈妈送小宇到学校上学，因为时间还很早，校门还没有开，小宇只能在校门口等待学校开门。小宇的妈妈看了看表，发现已经快到上班时间了。于是，妈妈就对小宇叮嘱一番，要小宇在学校里乖乖听老师的话，不可以淘气，不可以顽皮，

要跟小朋友们好好相处，不可以和小朋友打架。说罢，妈妈便帮小宇整理了一下有些凌乱的领口，将早餐递给小宇后，就离开了，而小宇也挥手跟妈妈告别。

直到此刻，小宇的妈妈也没有想到，这竟然是她见到小宇的最后一面。就在小宇的妈妈面带笑容转身离开的时候，她忽然听见身后传来凄厉的惨叫声，回过头来，她竟然看到小宇倒在血泊之中了。小宇的妈妈顿时惊呆了，等她回过神来，冲到小宇的身边将他抱起，呼喊着小宇的名字，可是小宇已经永远地睡着了。事后，犯罪分子得到了严惩，却依然挽救不了小宇的生命。

小宇这种悲剧在事前是谁也没有想到的，但是这一幕却真实地发生了，而且还有愈演愈烈的趋势。现今社会，针对儿童的犯罪数量不断升高，犯罪的种类也变得多元化。从敲诈勒索到拐骗买卖儿童，从性侵犯到惨无人道的屠杀，我们不禁要问，这个社会是怎么了？为什么会有这么多人将邪恶的魔爪伸向可怜无辜的孩子。面对这一切，我们社会和家长应该做些什么。

1. 家长应该配合学校加强对未成年人的保护

在我国，对未成年人实施的犯罪行为中，有一半是针对幼儿的。父母应该积极地与学校配合，多多沟通，消除孩子身边的安全死角。

2. 培养孩子应对突发事件的能力

孩子年纪小，没有丰富的社会阅历，缺乏必要的应变能力，在遭遇突发的犯罪行为时，往往会不知所措。所以，家长应该培养孩子应对突发事件的能力，让孩子知道如何在危险之中保护自己。

3. 培养孩子必要的警惕性

正所谓，害人之心不可有，防人之心不可无。孩子天性善良，很容易相信别人，面对犯罪分子的花言巧语，很容易上当受骗。父母们应该培养孩子必要的警惕心理。在平时，告诫孩子不要随便吃别人给的食物，不要跟不熟悉的大人去玩，不要随便跟陌生人说家里的事情。孩子有了防范心理，犯罪分子也就没有了可乘之机，发生意外的几率就大大降低了。

要清楚知道孩子的去向

孩子年纪小，逻辑思维能力还不成熟，没有独立外出的能力。所以，孩子若是要出门，家长就一定要弄清楚孩子要到哪里去，跟谁一起去，要多长时间回来，要怎么样才能找到他等等。只有清楚地知道这些事项，才能让孩子外出，这样一来，一旦发生突发事件，家长能及时进行处理，否则很容易发生危险。孩子外出后，若是有条件，父母也要定时与他进行联系，避免难以预料的意外发生。

案例

小宝今年六岁，很喜欢和小朋友一起玩，只要没事就会到社区的公园里和其他小朋友在一起做游戏。有一天小宝和小刚、小明这两个伙伴在公园里玩闹。小明提出，要到外面去玩“探险”的游

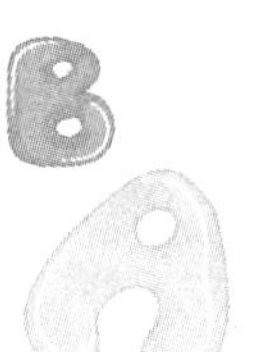

戏，小宝和小刚对于这个提议也连声叫好，于是三个人就偷偷地溜到社区外面，玩起了“探险”游戏。他们沿着繁华的大马路，一路走啊走，幻想着旁边的高楼大厦就是传说中魔王的城堡，而路边的行人则是魔王的手下。于是，三个小家伙蹦蹦跳跳地在街上玩得不亦乐乎。就在三个小朋友玩累了，准备回家时，却发现他们竟然来到一个完全陌生的地方，三个小朋友这下才傻眼了，找不到回家的路了。三个小家伙顿时如同热锅上的蚂蚁，急得团团转，本来就比较胆小的小宝，哇哇地哭了起来。其他两个小朋友见小宝哭了，也就跟着一起哭了起来。

幸亏被巡逻的民警叔叔发现，三个人在民警叔叔的帮助下，回到了家。三个小朋友的探险之旅才算落下了帷幕。

小朋友对于未知的事物总是充满了好奇，高耸入云的摩天大楼，马路上川流不息的汽车，街道上来来往往的行人，对于小朋友来说都充满着新奇。所以小宝、小刚和小明这三个小朋友才会偷偷地跑到社区外面去玩，结果迷路了。看上去，这是三个孩子私下做的决定，难以防范，其实根本原因还是家长没有承担起应有的监护责任。所以，作为幼儿的父母，当孩子要出去玩时，一定要做到以下几点：

1. 要问明白小孩是要到哪里玩，跟谁一起玩

孩子要出去玩，首先要问明白孩子要到哪里去玩，是跟哪些小朋友一起玩，决不允许孩子一个人在外面游荡。

2. 是否有大人照看

要问清楚小孩子去的地方，是否有大人照看，若是没有大人照看，不能让小孩子出去。若是有大人照看，就要知道这个照看人的电话号码，随时可以联系。

3. 和孩子约定好回家的时间

孩子出去玩，也需要一定的节制，否则就会玩“野”了。父母可以事先跟孩子约定好外出的时间，达成一致后才能让孩子出门。这样不仅可以保证孩子的安全，也可以让孩子养成良好的习惯。

要经常跟孩子讨论细节中的安全问题

在生活中，孩子发生安全事故，往往都是由一些不经意的小事造成的。孩子吃果冻时，听到笑话大笑，结果果冻呛到了气管造成了窒息；孩子拿着铅笔跑来跑去，不小心摔倒了，结果铅笔把自己戳伤；孩子趴在阳台上和小朋友说话，脚一滑跌倒了，咬破了自己的舌头。这些容易发生危险的事，其实全部都是生活中的细节，若是多加注意，其实完全是可以避免的。所以父母在对孩子进行安全教育时，应该多和孩子讨论生活细节中的安全问题。

案例

小德今年五岁，却是小朋友之中的孩子王，许多比他大一些的孩子，也听从他的“命令”。小德每次和小伙伴在一起玩耍，总会想出一些好玩的点子，而且小德还会时常提醒身边的小伙伴要注意安全。若是小伙伴吃棒棒糖，小德就会告诉他，要坐在旁边吃，吃完才可以接着玩游戏；若是有小朋友玩打火机，小德也会主动过去，告诉他小朋友玩火是很危险的；若是有小朋友爬到椅子上拿东西，小德则会主动过去帮忙扶着。邻居们都夸小德是个乖孩子，也很放心自己的小孩跟小德一起玩。每次小德被人夸奖，心里总是美滋滋的。

小德为什么会有这么强的自我保护能力呢？原来小德的父母都是老师，平时很注重对小德进行安全教育，在家时，时常会跟小德讨论一些生活细节中的安全问题。发生什么问题，也不是简单说教，而是跟小德展开讨论，让小德自己意识到问题的存在。长此以往，一些生活细节中的安全问题，也被小德牢牢地记在心里了。

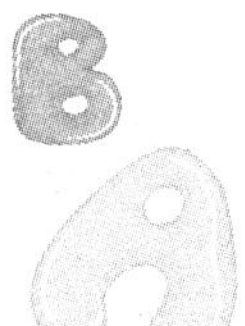

父母在教育孩子时，也应该如小德的父母一般，多和孩子讨论生活细节中的安全问题。只有把安全意识融入到生活的一点一滴之中，才能慢慢地培养起孩子的自我保护能力。

父母在平时可以这样做：

1. 和孩子讨论一些意外事故

无论是新闻、报纸还是网络，都会经常报道一些意外事故，有许多意外事故是和生活息息相关的。这个时候父母就可以有意识地和孩子讨论这些意外事故，并在此基础上进一步和孩子讨论为什么会发生这些意外事故，以及要如何避免等话题。

2. 孩子在做一些有危险的动作时，应该及时制止

孩子在做一些有危险的动作时，家长一经发现，应该要立刻制止，不能因为当时手头忙，就忘了说。若是孩子将这种行为变成习惯，想改过来就较为困难了，以后很可能就因为这些不良的习惯而导致意外事故的发生。

3. 要经常与孩子讨论一些生活细节中的安全问题，直到孩子完全记住

孩子学得快，忘得也快，许多问题必须要反复强化，才能让孩子完全记住。许多安全问题，父母不能说了一遍，以后就不再说了，应该要反复强调，这样才能培养孩子的自我保护能力。

第2章 就算在家里也有安全隐患

让孩子学会怎样正确使用家电

每家每户都有家用电器，且种类繁多。孩子们已经不可避免地要接触到各式各样的家用电器，如电视、电冰箱、空调、微波炉、热水器等等。许多商家也抓住了商机，创造出儿童家电的概念，儿童冰箱、儿童洗衣机、儿童电视机等此类产品也纷纷出炉，迅速在市场上走红。因此，明令禁止孩子去接触和使用家用电器，这种老式的做法显然已经行不通了，教会孩子如何正确地使用家电，才是提高孩子在家安全系数的真正出路。

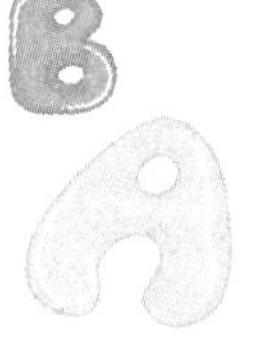

案例

小贝今年六岁，是一个十分可爱的小女孩，和别的孩子一样，她对身边的一切都充满了好奇。尤其是家里的电风扇，对她来说有着巨大的诱惑。她小小的脑袋怎么也想不明白，为什么小小的电风扇会有这么大的“魔力”，只要插上插头，轻轻按一下电源开关，电风扇就可以吹出清凉的风。为了寻找答案，小贝多次想要接近电风扇，弄个明白。小贝的父母也知道电风扇很容易对小贝造成伤害，于是多次阻扰小贝的“研究”。终于有一次，机会来了，小贝趁妈妈不注意，靠近了正在工作的电风扇。里面不停旋转的扇叶，让小贝充满着无限的兴趣。她伸出了一根白嫩的手指，之后却永远失去了一根手指。

小贝的这个故事告诉我们，在生活中，看似无害的家电，都有可能对我们的孩子造成伤害。各种新闻也有报道，小孩子为了贪凉，躲到电冰箱里，结果出不来了，最后窒息而死，这样的消息也让人惋惜。在当今社会，各种家电琳琅满目，已经成为我们生活中必不可少的工具，孩子在使用家用电器时，家长要注意其用电安全，还要指导其正确的家电使用方法。父母在教孩子使用家电时，应该要注意以下几点：

1. 避免孩子单独使用一些危害较大的家电

在家里，有一些家用电器不宜让孩子使用，例如，开水壶、洗衣机、电风扇等。这些电器，孩子单独使用时，若是操作不当，很容易发生危险。还有一些会对身体造成伤害的电器，例如，电磁炉产生的电磁辐射，浴霸的强光以及电吹风的热辐射，哪怕是在正常工作的情况下，也会对孩子的身体造成一定的影响，所以也应该尽量避免让孩子使用它们。

2. 给孩子使用家电提供便利

一些容易对孩子造成伤害的家电，自然不宜让他们碰触，但是一些孩子经常会用到的家电，就要为孩子使用提供便利了。比如电视机就不宜摆放过高，这样易造成孩子在操控过程中摔伤。

3. 教会孩子正确地使用家电

在孩子使用家电的过程中，要教会他们如何正确地使用家电，如空调的温度不宜过低，防止着凉；湿手不能接触电器开关，防止漏电；打开冰箱取东西，要记得及时关门等等常识。

总的来说，家里有孩子的父母们，只有教会孩子正确使用家电，并且告诉孩子家电所具有的危险性，满足孩子的好奇心，才能够避免许多危险的发生。希望案例中小贝这样的事故，不要再次上演。

告诉孩子“玩火”是很危险的

跳动的小火苗，有红色、黄色、蓝色，十分好看，孩子的好奇心很强，很容易被火绚丽多彩的颜色所吸引，但是孩子缺乏生活经验，往往意识不到“火”是很危险的。有些父母的防火安全意识不强，对孩子也缺乏这方面的教育，孩子很容易就能接触到打火机、火柴之类的火源，稍有不慎，就很容易酿成大祸。

案例

小益是个七岁的小男孩，活泼聪明，虎头虎脑的，十分可爱。有一天小益跟着妈妈到住在乡下的外婆家玩耍，小益喜欢和别的小朋友玩，刚到外婆家，就跑到隔壁邻居家里玩耍，因为都很熟悉，家人都没有阻止。

到了吃饭的时间，见小益还没有回来，外婆就想将小益叫回家来。可是推开邻居家的门，小益的奶奶惊呆了，一股焦味扑面而来，沙发上的被子正冒着火花，散发出股股浓烟。小益的外婆赶忙大声呼救，好在火势不大，在邻居的帮助下，火焰扑灭了，小益也很幸运，没有受到伤害。

众人经过了解才知道，原来是小益到邻居家之后，只有他一个人，无聊之际，他就用打火机点燃了一团纸团，没想到纸团腾一下就燃烧起来，他赶忙将纸团扔了出去，结果不慎扔到了空调被上，这才引发了这次火灾。小益在这次事件中虽然没有受到伤害，不过他明显没有以前活泼了，甚至平时还有一些畏畏缩缩，显然是受到了惊吓。

小益的故事告诉我们，出于天性，小孩子对火有着极强的好奇心，在好奇心的驱使下，他们就会玩火。不过小孩子年幼无知，缺乏必要的生活经验，对于火的危险性缺乏正确的认知，因此在玩火时很容易引发火灾。

小孩子玩火不仅会造成财产的损失，同时也很容易危害到他们自己的生命。就算事后并没有造成严重的后果，但是火的可怕也可能对小孩子的心灵造成创伤，案例中的小益，就是因为玩火引发了火灾结果有了心理阴影，开始变得胆小起来。

由于小孩子玩火引发的火灾，无论是农村还是城市都屡见不鲜，其中又以农村居多。所以作为父母，平时一定要做好三件事：

1. 要耐心地对小孩子讲明火的危险性，以及玩火可能会造成的严重后果，告诫他们绝对不可以玩火。

2. 要控制好火源，使孩子不容易接触到如火柴、打火机这类物品。

3. 作为家长，自己也要以身作则，不要养成在床上抽烟这类恶习，避免成为孩子的坏榜样。

还应该注意的是，不要用小孩子玩火会尿床这类的话来恐吓孩子，避免给孩子造成难以预料的心理阴影。父母在加强对孩子安全教育的同时也要做好心理疏导，以缓解该事件给孩子带来的伤害。

孩子独自在家有人敲门怎么办？

住在城市里，总是会遇到这样一个问题，经常会有陌生人来敲门。有些是物业公司的，有些是上门推销商品的，最糟糕的莫过于一些入室抢劫的。一些犯罪分子，装扮成维修工人、警察，有时候甚至达到以假乱真的地步。有时候，就算是成年人都无法辨别是非好坏，更别说是没有多少社会经验的小孩子了。若是父母都出门在外，小孩子单独在家，遇到有人敲门的这种情况，一定要让孩子提高警惕，不要给陌生人开门。

案例

球球今年五岁，人如其名，球球是一个可爱的小胖墩。球球的父母都是生意人，平时工作都很忙，经常把球球一个人留在家里。球球有些胖，平时也不爱活动，一个人独自在家，难免会十分寂寞。电视不好看，童话书也不好看，各种玩具也玩腻了，就在球球百无聊赖的时候，忽然传来一阵敲门声。

球球见有人来了，十分高兴，就在想要开门之际，忽然想起爸爸妈妈的告诫，有人来敲门，不可以随便开门。于是球球就冲门外叫道："你是谁呀？"

门外的声音说道："我是你爸爸的朋友，来帮他拿东西的，小朋友，你赶紧把门打开吧。"

球球是个很机灵的孩子，他想平时爸爸也没叫谁回家拿过东西，于是他就故意对门外的人说道："你等等，爸爸在睡觉，我去问问他。"此时门外的陌生人，竟然马上就走了。幸亏球球的聪明机警，才让这场危机化险为夷。

随着经济的发展，社会中人与人之间的关系已经越来越复杂了。小孩子一个人单独在家，父母事先不仅仅要告诉他们在家里需要注意安全，同时也要教会他们如何面对来自门外的骚扰。案例中的球球，正是因为父母对其进行了良好的教育使其具备了警惕心理，才没有让犯罪分子有机可乘。若是小孩一个人在家独处，遇到有人敲门的情况，父母应该告诉孩子这样应对：

1. 陌生人来敲门

陌生人来敲门，就要告诫孩子，无论陌生人有什么样的理由都绝对不可以开门，也不可以告诉陌生人父母上班的地址、电话以及家里有关的其他信息。

2. 父母的朋友、同事来敲门

小孩子见过面的同事、朋友来敲门，若是一口拒绝，就会显得太不近人情了。父母可以告诉孩子，有父母熟悉的朋友、同事来敲门，而此时父母都恰好不在，小孩子可以要求父母的同事、朋友拨打爸爸妈妈的电话，让爸爸妈妈来决定怎么办。等爸爸妈妈同意了，才能开门。

另外，还有一点要说的是，对人对事的处理和对物的处理方式不同，比较复杂，单单靠父母纯理论的说教有时候很难达到预期的效果。所以适当的时候，父母可以编排一些小品和场景，用这种直观的方式来教育小孩子，有时候会起到很好的效果。

煤气泄漏，小心看不见的危险

煤气是我们生活中经常要用到的能源，做饭、炒菜、煲汤、取暖，总少不了它。若是没有好好地运用它，它就会变成一个无形的杀手，有可能会夺去人的生命。成年人在使用煤气时，都会发生危险，更不用说小孩子了。远离煤气，这也是孩子自我保护教育中，不可缺少的一课。

案例

小宝是一个可爱的五岁小姑娘，冬天很冷，她就和奶奶一起待在家里。这天小宝的妈妈晚上回来，刚刚进屋就感觉到一阵头晕目眩，身子也有些发软。等小宝妈妈走进屋子里，发现奶奶和小宝都倒在地上，才意识到情况不对，她急忙电话通知了家人并报了警。

等救援人员赶到，发现整个房间都充满煤气的味道，大家不敢

迟疑，他们赶紧将三人送进了医院。小宝和小宝的妈妈中毒较轻，经过简单的治疗，很快就没事了，而小宝的奶奶却一直神志不清，呕吐不断，生命垂危，经过医生的抢救才捡回了一条命。

事后，经过调查才知道，原来煤气泄露是由于小宝对煤气阀门很好奇，在家随意开关煤气阀门玩，而老人没有精力看顾小孩，没有及时发现煤气泄漏。好在救援还算及时，这才免除了一场悲剧的发生。这样的事例也告诉家长，不要把上了年纪的老人和年幼好动的孩子留在家里。一定要注意老人和孩子的安全。

小宝一家是十分幸运的，因为抢救得及时，所有人都平安无事。在生活中，却有许多人都没有小宝那样幸运。为了避免这种种的祸事发生，大家一定要小心煤气泄漏这个看不见的危险。为了尽量避免这种危险的发生，作为父母应该做好以下的防护措施：

1. 不许随便动煤气阀

小孩子对一切都充满了好奇心，对于煤气阀也不例外，许多小孩子会觉得煤气阀很好玩，就随便将煤气阀拧开，若是当时大人没有注意到，等到发现煤气泄漏，恐怕就为时已晚了。所以在平时，家长应该告诫家里的小孩，不要随便动煤气阀门，并告知原因。

2. 安装煤气泄漏报警器

煤气泄漏防不胜防，若是不留心，很难察觉，如果安装了煤气泄漏报警器，那么就可以免去许多麻烦。每当发生煤气泄漏，报警器就会自动响起，这样即使只有小孩子自己在家，也不用担心煤气泄漏带来的伤害了。

3. 平时用煤气也要注意安全

根据统计，大多数的煤气泄漏事故，都是疏忽大意造成的。为了家人，更为了孩子，平时在使用煤气时，一定要慎之又慎。在关煤气时，一定要多检查一遍，只有这样才能有效地防止煤气泄漏这种危险的事情发生。

除此之外，家中的煤气设备也要定期检查和更换，因为设备老化造成的悲剧，在日常生活中，也时有发生。不要为了节省一点点钱财，而带来不可挽回的损失。

和宠物打交道，不可太“亲近”

现在有很多家庭都喜欢养宠物，孩子见到活泼可爱的小动物，常常与之发生亲密接触，如亲吻宠物的毛发，拿自己的食物喂食宠物，甚至和宠物一起睡觉等，这些接触都潜藏着危险。因为宠物身上寄居着无数微生物细菌，而孩子的免疫力较弱，容易引发相关疾病。

案例

六岁的小毛有一只亲密的小狗，每天，小毛都和小狗在一起玩，小狗睁着亮晶晶的眼睛冲小主人抛媚眼，小毛会给它吃各种食物，把它抱在怀里亲吻，连睡觉都挤在一个被窝里。小狗有时还会用舌头舔小毛的脸，冲他拍手、趴在他的脚下挠痒痒。有一天小毛与小狗抢玩具，小狗一改常性，冲小毛的手上咬了一口，小毛慌忙地使劲从狗的嘴巴里扯出手指，妈妈看到了，急忙替小毛清洗伤口，还好伤口没有破裂，而且由于小毛之前打过狂犬疫苗才避免了感染。

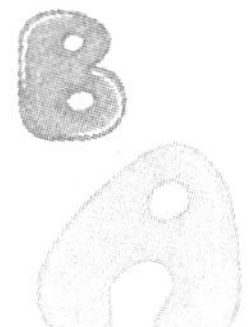

小毛喜欢和小狗玩，因为宠物身上能让孩子感受到很多类似人的特征，如温顺、听话、驯服、贴心、可爱、活泼、乖巧、懂事、真诚、忠实等等，再加上彼此容易用表情、动作、声音沟通，就更容易建立感情了。孩子不会关心小狗是否清洁无菌，会对它搂抱亲昵，甚至抱着小狗睡觉，这就增加了孩子受到细菌侵袭的几率。因此家长应教育孩子，与宠物亲密要讲卫生条件，行为要有分寸等。除此之外，家长还应注意以下问题：

1. 不要给孩子做“榜样”

有的家长自己就是个宠物迷，把宠物当成宝宝般疼爱，与宠物共用餐具，共吃共睡，这无形当中会给孩子起到“榜样”示范的作用，孩子因此会更加无顾忌地与宠物亲密相处，而失去尺度。

2. 不要让孩子把宠物当成倾诉工具

有的家长平时不太注意培养与孩子的亲密关系，冷落孩子；当孩子缺乏调教表现不好时，又不分青红皂白一味指责。孩子感到委屈，无人倾诉时，就可能将感情转向宠物，久之就会将宠物当作知心伙伴对待，进而对宠物做出过分的亲密举动。

3. 要定期给宠物做体检

家中养的小宠物那么可爱，孩子要跟这些宠物进行一些亲密接触，这是在所难免的，定期给小宠物做体检，保证宠物的健康，消除病菌的感染源，这也是一个有效预防孩子因接触到宠物身上的细菌而生病的好办法。

把花花绿绿的药丸收好

现在的药丸花花绿绿的很漂亮，外表还包裹着甜甜的糖衣，乍看就如同好吃的糖果。这本来是为了方便病人，结果却愁坏了一些父母。孩子年纪小，正是长身体的时候，喜欢吃零食是很正常的，但是小孩子年幼无知，分不清什么

能吃，什么不能吃，有时就将药品当成糖豆给吃了，从而造成不小的麻烦。

案例

小成是一个四岁的可爱小男孩，不过身体不好，经常生病。有一天他感冒咳嗽，医生给他开了咳嗽糖浆。咳嗽糖浆甜甜的，很好喝，小成马上就喜欢上了糖浆的味道。于是趁爸爸妈妈不在，就自己偷偷地将咳嗽糖浆统统喝了下去。等小成的妈妈回来，看到小成满脸通红，缩在角落里，就问小成是怎么回事儿。不过小成怕被妈妈骂，支支吾吾地不敢说实话。待小成的妈妈发现空空如也的咳嗽糖浆的瓶子，大吃一惊，险些就吓晕过去。她立刻就抱着小成往医院跑，医生给小成诊断之后，说小成没什么事，就是喝了太多咳嗽糖浆，身体有些发热，过一下就好了。这时小成的妈妈才松了一口气。

还好小成只是乱喝了咳嗽糖浆，并没有引起什么严重的后果。若是小成误食了一些毒性较大的药那就不是发热难受那么简单了。所以在平时，父母一定要将家里花花绿绿的药片、药丸收好，放置在小孩子不易拿到的地方，免得小孩子误食，给小孩子的身体带来健康隐患。同时父母也要告知孩子：

1. 乱吃药的危害

父母在平时就要教育自己的孩子，药是用来治病的，若是没有生病，就不

可以乱吃药。即使是生病了，也要按照医嘱服药，不能自己胡乱增加或减少剂量。

2. 引导小孩子正确认识药品的作用

父母可以花些心思编一些小故事，分别来说明什么时候吃药是正确的，什么时候吃药是错误的。当孩子作出正确的判断时，父母应该给予积极的回应；若是孩子的判断是错误的，这个时候父母也不能心急，要慢慢教导孩子，告诉他什么行为才是正确的。通过这些行为，让孩子逐渐意识到药品的作用。

3. 编写正确服药的顺口溜和儿歌

若是孩子喜欢乱吃药，父母还可以找一些正确吃药的儿歌，慢慢引导正确服用药品。小孩子在潜移默化之中，也会慢慢意识到乱吃药的危害。

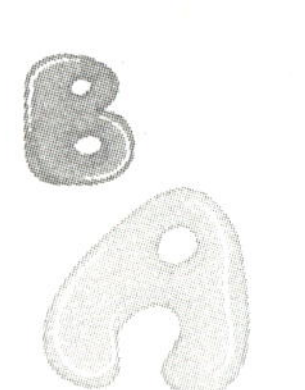

教孩子烫伤后要立刻用冷水冲

小孩子在家被烫伤是经常会发生的事情，有数据显示，在家里发生的意外烫伤或烧伤是工业生产中烫伤或烧伤的 15 倍，其中家庭烫伤事件，有 50%是儿童烫伤，而 3 岁以下儿童烫伤是最为常见的。若是孩子不慎烫伤，父母又恰好不在身边，那么提前教导孩子如何应对忽如其来的烫伤事故，就显得极为重要。

案例

小叶子是一个六岁的小男孩，平时活蹦乱跳，很招人喜爱。小叶子的父母很忙，只好把小叶子托付给奶奶照顾。冬天很冷，小叶子的奶奶就用电磁炉烧了开水，想灌两个热水袋暖手。奶奶见开水没这么快烧好，就起身去忙别的事了，而小叶子就独自一个人在地板上玩耍。开水烧好了，小叶子见奶奶还没有回来，就想帮奶奶把电磁炉关掉，结果小叶子白嫩的小手不慎碰到了开水壶上。小叶子"哇"的一下就哭了起来，小叶子的奶奶赶忙赶了过来，拿起小叶子的手一看，发现已经红了一大片。小叶子的奶奶顿时慌了神，不知道应该怎么办，站在原地手足无措。好在隔壁的邻居听到小叶子的哭声，赶了过来，用冷水帮小叶子冲洗烫伤的地方，并为小叶子抹上了烫伤膏，这才止住了小叶子的哭泣。从那以后小叶子就知道了，被烫伤之后，要立即用冷水对伤口进行冲洗。

好在邻居及时发现小叶子家的异样并及时提供帮助，小叶子烫伤的小手得到及时的处理，才没有让伤情恶化。小孩子年纪太小，太过麻烦的方法他们也无法使用，但是父母却可以教给他们一些简单而又有效的应急方法。用冷水冲洗烫伤的部位，是最简单也是最有效的方法，小孩子掌握了这些基本的应急手段之后，在烫伤发生时，就可以使用最佳的处理办法，这对伤情有一定的缓解作用。父母再带孩子去看医生，伤口也能够好得更快些。所以这些基本的应急手段，父母应该尽早地告诉小孩子。当然，这些也都是亡羊补牢的手段了，最好的办法还是防范于未然，在平时就要防止这些意外的烫伤事故发生：

1. 当有事外出时，一定要检查家里是否留下火种，并检查电源的安全性。

2. 吃饭时，刚出锅的热汤、热菜要放到小孩子够不到的地方。

3. 烧开水或者熬汤时，旁边要有大人看着，不要离开，以免孩子在附近玩，不慎烫伤自己。

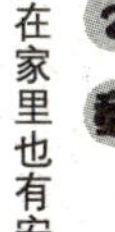

4. 使用电炉或者电取暖器时，要安装防护设备。

5. 小孩子洗澡时，要先调好水温，再让小孩子洗，不要让小孩子自己去试水温，否则很容易发生意外。

不要让孩子在房间里玩皮球

孩子天生好动，家里若是有一个小孩子，就会显得热闹起来。现在电视上时不时地就会播放各种各样的体育赛事，活泼好动的小朋友看到那些高大帅气的体育明星肆意地玩转篮球，难免会模仿一下，也在家里当起了“空中飞人”。这样做，不仅容易损伤家中的物品，也很可能会伤到孩子自己。所以父母一定要教育孩子，不能在房间里玩皮球。

案例

小莫今年五岁，特别喜欢看动画片，尤其喜欢《足球小将》，每当电视播放《足球小将》这部动画片时，他就看得非常认真。不过糟糕的是，动画片播完之后，他总是兴奋异常，喜欢在家里上演一场绿茵场上的豪情。趁着家中无人，他就模仿着动画片里的动作开始在家里演习起来，将他那颗心爱的小皮球，踢得噼里啪啦响。大概是太过投入了，小莫扬起一脚就将皮球踢向了家里刚刚买来的巨大液晶电视机，只听啪的一声，液晶电视机的屏幕就多了一道裂纹。这可把小莫给吓坏了，赶忙收拾凌乱的房间。等妈妈回来后，小莫又是给妈妈捶背，又是嘘寒问暖，可殷勤了。等小莫的妈妈弄清楚来龙去脉后，又好气又好笑，真想打小莫一顿出出气。

不过小莫的妈妈还是压住了心中的怒火，耐心地跟小莫讲道理，自知做错事的小莫也不好意思起来，并且主动跟妈妈保证，再也不在家里踢球了。果然，小莫从此以后再也没有在家里玩皮球了。

从案例中可以看出，小莫是一个顽皮可爱的孩子，而且心中充满了梦想，可是，在房间里面玩皮球却不是一个好习惯。作为小孩子的父母，看到孩子的这种行为，不要一味地进行打骂，而要对孩子的这种行为进行正确引导，如果您的小孩也有类似的行为，你可以这样做：

1. 告诉孩子不能在房间里玩皮球，但是可以到公园里面玩

父母如果只是阻止孩子的不良行为，而没有做出正确的引导，很可能会慢慢地抹杀孩子玩皮球的兴趣，对于孩子的身心健康发展是极为不利的。所以，父母们在制止孩子在房间里玩皮球的同时，一定要告诉孩子可以在哪里玩。

2. 保护孩子心中的梦想

每个孩子心中总是充满各种各样的梦想，若是孩子跟父母说出这些梦想，哪怕是不切实际的，父母也应该对孩子的这些梦想进行保护。梦想能不能实现，为什么不能实现，这些问题随着孩子逐渐成长，时间会告诉他答案，而父母要做的则是支持和鼓励。

告诉孩子不可把椅子当玩具

古人就告诉我们要站如松、坐如钟，可见无论是站立还是端坐，都是非常

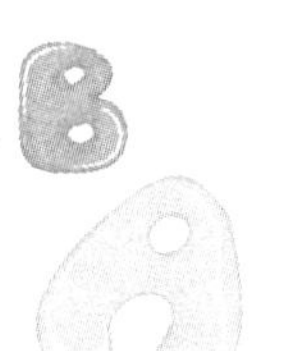

重要的行为习惯。有许多小孩子,平时都挺听话的,可是就是坐不住,总喜欢在椅子上东摸摸西蹭蹭,很不老实。更有一些小孩子把椅子当玩具,总是在椅子上面玩各种各样的“花招”,这样做不仅不利于孩子行为习惯的养成,也有一定的危险性,会对孩子的身体造成伤害。

案例

小紫是一个可爱的小女孩,今年已经六岁了。平时乖巧听话的小紫,坐在椅子上就会变得“不老实”,总是喜欢把椅子当摇摇椅,摇来摆去,把椅子弄得“咔咔咔”直响。为了这个事情,小紫没少挨妈妈的骂,但却总是改不过来,小紫的妈妈为了这个事也头疼无比。有一天,小紫的妈妈刚刚拖完地板,瓷砖地板看上去既干净又铮亮。小紫高高兴兴地来到客厅,打开了电视机,坐在椅子上看起了动画片。没过多久,小紫的老毛病又犯了,又开始肆意地摇晃起她的椅子来。小紫的妈妈正忙于家务,也就没管她,没想到意外发生了。刚刚拖过的地板又湿又滑,小紫看动画片看得正高兴,也忘了这茬,结果摇得过头,连人带椅子都翻了过来,可怜的小紫把头磕在了地板上,摔了一个大包。

好在旁边并没有其他尖锐的物品,否则的话,后果就不堪设想了。这次经历给了小紫一个深刻的教训,打这以后,小紫果然收敛了许多。

孩子年幼无知，不能对自己的行为后果作出准确的认知，很容易受到伤害，所以平时对他们进行自我保护教育，以及培养他们良好的习惯都是十分必要的。椅子是用来坐的工具，并不是用来玩耍的，若是小孩子把椅子当成玩具，容易发生危险的同时，也很容易让孩子养成不良的坐姿，影响孩子身体健康地成长。如果你家的小孩如同小紫一般，把椅子当玩具，你就应该想办法解决这个问题：

1. 给孩子换一把宽大沉重的椅子

很多家长喜欢给孩子买轻便的椅子，如果孩子没有玩椅子的习惯，这固然没有问题。若是孩子喜欢玩椅子，那么这样的椅子势必会成为"帮凶"。给孩子换一把宽大沉重的椅子，孩子力气小，没法随意玩弄，那么孩子玩椅子的这个问题，也就迎刃而解了。

2. 告诉孩子如何正确地使用椅子

大多数家长都会告诉孩子椅子是用来坐的，但是具体要怎么坐才是正确的，许多父母却没有说，这样很可能就会让孩子养成一些不良的坐姿和习惯。所以在告诉孩子不能把椅子当玩具的同时，也要告诉孩子如何正确使用椅子。

玩积木时也要注意安全

积木，是开发孩子智力的好玩具，它不仅可以帮助孩子开发逻辑思维能力、增强动手能力，还可以培养孩子的专注力和耐心。孩子在玩积木时，把小小的积木拼接成各种各样的模型，会给他们带来相当大的成就感。一套好的积木，可以给孩子带来无穷的乐趣和好处。但是，孩子在玩积木的时候，一定也要注意安全，否则也会产生不小的安全隐患。

案例

小天今年四岁，动手能力很强，平时除了到隔壁去找小朋友玩耍，就喜欢呆在家里自个儿玩积木。小小的积木在他的手中可以搭建成高塔、汽车和各种各样的小动物，这让小天非常有成就感。夏天到了，天气很热，小天就到冰箱里拿了一根雪糕来吃，但是他也放不下搭建到一半的积木，于是一边吃着雪糕，一边玩着积木，玩得不亦乐乎。就在小天玩得正高兴时，意外发生了，小天错把积木当成雪糕往嘴里塞，结果小小的积木硬生生地卡在了小天的喉咙里，任凭小天如何打滚，也没办法把积木从喉咙里取出来。小天的爸爸赶忙抱着小天去医院，在医生的帮助下，才将卡在小天喉咙的积木取了出来。小天的爸爸这才松了一口气。

因为小天玩积木玩得太过专注了，结果错把积木当雪糕，才造成了意外的发生。小孩子的注意力是很容易分散的，他们经常会被外界的事物吸引，忘记自己手中的事情，所以经常会有各种意外发生。若是您的小孩也喜欢玩积木，就应该注意：

1. 要防止孩子误吞积木

积木大多数是由一些较小的部件组成的，父母一定要教育孩子不能将积木放到嘴里，避免误吞。

2. 选择合格、适龄的积木产品

现在积木琳琅满目，种类繁多，大多数的积木产品都会注明适合几岁的孩子，因此，家长在选择积木时，就要根据实际情况进行选择。另外，在选择积木时，一定要选择正规厂家生产的合格产品。

3. 要定期对积木清洁消毒

玩具是和孩子直接接触的，若是没有经过消毒，会不卫生，不利于小孩子的健康。

沙发和床不可作为蹦蹦床

沙发和床本来是用来休息的地方，但是很多小朋友却把沙发和床当成了“娱乐场所”，喜欢在上面蹦蹦跳跳，玩得不亦乐乎。许多父母并没有把这个当成一回事，觉得小孩子喜欢在床上和沙发上闹腾，就让他们闹腾好了，也不是什么大事。孰不知，把床和沙发当成蹦蹦床也可能造成一些安全隐患。

案例

小瑞今年六岁，他和小鑫、小贝是好朋友，他们三个经常在一起玩。这天小瑞、小鑫和小贝三个人在沙发上蹦蹦跳跳，把小瑞家的沙发当成了蹦蹦床。开始的时候，小瑞和小朋友们还玩得好好的，可是就在他们跳得欢快的时候，小瑞小脚崴了一下，从沙发上跌倒了撞在了茶几上。当时小瑞的爸爸在一楼，听到楼上的响声，赶忙跑到楼上去看个究竟，才发现小瑞已经躺在地板上，头上摔了一个大包。

小瑞的爸爸赶紧把小瑞扶起来，替小瑞查看伤情，发现并没有什么大碍，这才放下心来。他拿出红花油，为小瑞活血化瘀，几天之后，小瑞头上的大包才消肿。

小孩子爱闹爱跳这是天性，多多活动对于孩子的身心发展都有很大的好处，但是却也要选择合适的场合。房间里本身空间就不大，而且摆放着各种电器和家具，小孩子在家里玩闹难免会磕着碰着。故事中的小瑞，正是因为在家里肆意地蹦蹦跳跳，才不慎摔倒，撞伤了脑袋。所以，父母们应该教育自己的孩子，床和沙发是休息的地方，不要在沙发和床上玩耍，更不能把床和沙发当成“蹦蹦床”。除此之外，幼儿家长们应该还要注意：不要将床和沙发放在窗户边；选购床和沙发时，应尽量选择高度适中的，不宜太高；经常带孩子参加户外活动，让孩子意识到，应该在哪里玩耍才是正确的。

总而言之，在教育孩子不要在床上和沙发上玩耍的同时，也要给予孩子足够的活动空间，让孩子有玩耍和嬉戏的场所，让孩子养成良好的游戏习惯。

厨房不是玩耍的地方

厨房对于许多孩子来说，是一个充满趣味的地方。在厨房里，不仅可以偷吃不少好吃的，还可以打开水龙头玩凉爽的自来水，还有一大堆锅碗瓢盆可以摆弄，有趣极了，许多孩子还喜欢模仿大人“煮饭”玩“过家家”。但是厨房对于孩子来说也是一个充满许多安全隐患的地方。这里不仅有菜刀、筷子这些容易对孩子造成伤害的工具，也有天然气、煤气这些潜藏的杀手。所以父母一定要告诫孩子不能在厨房里玩耍。

案例

丫丫今年四岁，她是一个勤劳的小丫头，平时最喜欢当妈妈的"跟屁虫"，到厨房里帮妈妈打杂。帮妈妈择择豆角、淘淘米、洗青菜。尽管做得不好，但是却也乐此不疲。丫丫的妈妈是一个善于培养丫丫自主能力和动手能力的好妈妈，不但不阻止丫丫的这种行为，还十分鼓励，并耐心地教丫丫厨房里的知识。丫丫是个聪明机灵的孩子，妈妈说的东西，都很快记住了。一些时日下来，丫丫已经对厨房非常熟悉了，然而就在妈妈放心丫丫出入厨房的时候，意外却悄然而至了。有一天，丫丫在厨房里玩耍，发现在地板上放着一个切菜板和一把菜刀。丫丫见猎心喜，兴冲冲地拿起大菜刀，模仿妈妈的样子玩起了切菜的游戏。不料，菜刀实在太沉了，丫丫的手一滑，菜刀脱手而出，掉到了菜板上，沉重的刀背砸到了她白嫩的小手上，剧烈的疼痛使得丫丫大声哭了起来。

厨房是水、火、电的密集地，小孩子经常出入厨房很有可能发生一些意外事故。但是"厨房体验"又是早期教育非常重要的一个环节，许多父母在安全和教育之间徘徊，很难取舍。既想孩子进入厨房得到锻炼，又害怕孩子发生意外的危险。就笔者看来，其实这两者并不冲突。作为父母，我们可以这样做：

1. 告诉孩子进入厨房不能玩耍

我们要告诉我们的孩子，厨房是做饭的地方，并不是玩耍的地方，来厨房就要遵守规矩，不可以随便乱动，一定要在爸爸妈妈的指导下才能进行操作。

2. 加强厨房的安全系数

厨房里的许多安全隐患是可以消除的，比如在炉台上设置必要的护栏，防止物品落下砸到孩子，各种洗涤制品应放在矮柜下，而不应该置于高处，而尖刀、菜刀、砍骨刀之类的锐器，应该放在小孩不易碰触到的抽屉里。丫丫之所以发生了事故，就是因为妈妈疏忽大意，没有将刀具收好。

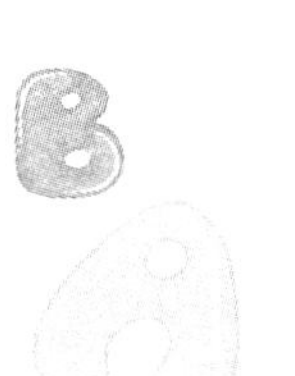
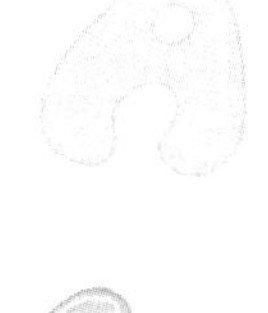

3. 教孩子认识并使用厨房用具

孩子的天性是充满好奇的，他们之所以喜欢到厨房玩耍，正是因为他们对厨房的一切都充满了好奇心。若是满足了孩子的好奇心，那么孩子就不会再随便跑到厨房玩耍了。六岁以下的孩子，父母只需要教孩子识别厨房用具即可，而六岁以上的孩子就可以教他们使用一些简单的厨房用具了，但是一定要避免使用刀具、刨子这些容易伤害到孩子的工具。

告诉孩子绝不能趴阳台

阳台对于大人来说，是一个晾晒衣服、栽花种草的地方。对于那些年幼的孩子来说，这里却又是他另一片游戏的热土。在阳台可以呼吸到新鲜的空气，可以聆听都市的喧闹和繁华，还可以俯视而下，看看来往的车流和川流不息的人群，有些孩子或是踮起脚尖，或是将小脑袋伸到栏杆之外，探索着更远的风景。不过这些行为都是很危险的，稍有不慎很可能会有坠落的危险。

案例

小飞今年五岁，他是一个爱热闹的孩子，总是喜欢扎在人堆里，是个小小的“人来疯”。不过，小飞的爸爸妈妈工作都很忙，平时没有时间陪伴小飞，更不用说带着小飞到街上逛街亦或是外出郊游了。小飞的爸爸妈妈又怕他到外面去，容易发生危险，于是只能把小飞关在家里，任凭他一个人瞎折腾。小飞百无聊赖的时候，时常就趴在阳台上看着其他小朋友在公园里玩闹。有一天，楼下忽然传来了隔壁邻居小明的呼喊声，小飞为了能够跟小明说说话，就把放在客厅里的椅子搬了过来。两个小朋友隔着高高的楼，就这样开心地聊了起来。忽然，小飞脚下的椅子一滑，小飞整个下巴磕在了阳台上，咬破了舌头。好在小明找来了大人帮忙，这才将小飞送到了医院，使小飞得到了及时的救护。小飞的父母知道后，不禁一阵后怕，为了防止这类事情的再次发生，小飞的父母调整了工作岗位，之后也时常会带他出去游玩。

小飞在阳台发生危险，并不简简单单是因为阳台有安全隐患这个问题，根源还在于小飞的爸爸妈妈对于小飞的关心不够。孩子总是天性好动的，喜欢一切新奇的事物。而小飞的爸爸妈妈害怕小飞遇到危险，把小飞关在家里，这本身就是一种扼杀孩子天性的做法，十分不恰当。之后小飞父母认识到了错误，时常陪伴小飞，并经常带着小飞在小区里玩耍，让小飞认识了许多小伙伴，从此以后这类危险就消弭于无形了。孩子趴在阳台上是一个十分危险的举动，孩子不仅会因为一些小动作，磕伤碰伤自己，而且很可能会发生坠楼的危险。所以父母一定要教育自己的孩子，告诉他们不能趴在阳台上。

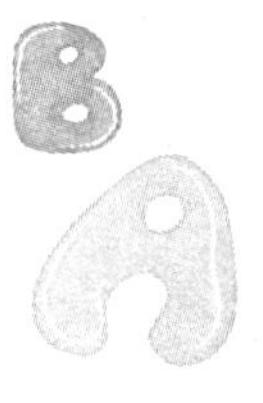

教孩子学会用饮水机

随着生活质量的提高，饮水机已经走进了许多家庭之中了。饮水机使用方便，安全清洁，只要轻轻一按，就可以喝到温度适中又健康环保的纯净水，因此受到许多家庭的青睐。小孩子们也在所难免地要接触到这个家庭里常用的电器，不过饮水机可以同时出常温水和热开水，一些小朋友操作不当，很容易被开水烫伤。所以作为家长，应该要教会孩子如何使用饮水机。

案例

小强今年六岁，是个虎头虎脑的孩子。这天，他和一群小朋友在外面玩闹了一天。回到家后，全身都是汗的他拿起他的小杯子就打开饮水机接水喝。然而，粗心大意的小强却把冷水和热水的开关搞混了，原本是想倒一杯冰凉凉的纯净水，结果变成了满满一杯开水。小强由于口渴也没注意，一口就喝了下去，结果把嘴巴烫伤了。

饮水机的使用很简单，但是在教小孩子使用时，一定要有耐心。饮水机的使用主要有三个方面的问题：

1. 教会孩子分清哪边是热水，哪边是常温水

孩子的辨别能力不够，很容易忘记，最好要在两个出水口做出明确的标志，告诉孩子哪边他可以动，哪边他不能动。

2. 喝水时不要太急,避免被开水烫伤

孩子口渴时,往往会心急,喝水的时候就不会注意观察水温,拿起杯子就往嘴里倒,这种习惯是非常危险的,一旦杯子里盛的是温度较高的热水,溢出来或者喝到嘴里就会烫伤孩子。所以一定要告诫孩子即使口渴了,也要慢慢喝水,让孩子养成良好的喝水习惯。

3. 饮水机里没有水了,要记得关掉电源

这种情况比较少有,而且现在的饮水机多有保护装置,不过也应该告知小孩了取水之后一定要记得关掉饮水机的开关,让他们养成良好的习惯。

卫生间可不是水上游乐场

孩子很喜欢玩水,卫生间自然就成了孩子的宝地,不过卫生间是水电的密集区域,而且还摆放着洗发水、沐浴露,以及各种各样的化妆品。孩子在卫生间里玩,若不小心,很容易跌倒摔伤,误吞误食化妆品和洗涤用品,也有可能发生触电的危险。所以,卫生间对于孩子来说是容易发生危险的场所,孩子在卫生间里玩耍时,父母一定要及时制止,告诉孩子卫生间可不是他们的水上娱乐场。

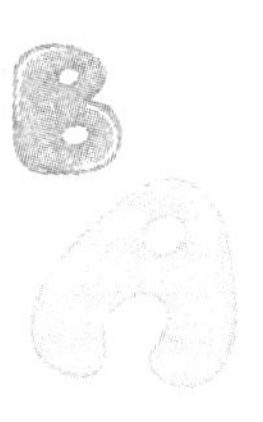

案例

五岁的天天是一个动手能力很强的孩子，今天他趁着妈妈不在偷偷地跑到卫生间里玩。天天把大脸盆放在地上，又在梳妆台上拿了许多瓶瓶罐罐，这些都是妈妈平时用的化妆品。接着天天就学动画片里的巫婆，把妈妈的化妆品倒在大盆子里搅在一起，想要提炼一种把小青蛙变成人的“魔法药剂”。就在天天玩得不亦乐乎时，电视机里忽然传来喜洋洋和灰太狼的声音，这可是天天最喜欢的动画片了，他也顾不得配置“魔法药剂”了，立马就站起来要去看动画片，却不料一脚踩在了盆子里，狠狠地摔在了地上。天天的小脑袋磕在了卫生间的墙壁上，肿起了一个好大的包，疼得他哇哇地哭了起来。

卫生间里许多东西都可以成为孩子们的玩具，有些孩子到卫生间里后，就会变得很不老实，一会儿玩玩水龙头，一会儿玩玩马桶的盖子，亦或是和天天一样折腾“魔法药剂”，这些行为都可能给孩子带来伤害。因此，父母要提醒孩子卫生间是有危险的，不可以随意乱蹿。

1. 化妆品和洗涤用品要摆放在孩子不易拿到的地方

化妆品和洗涤用品都是有一定毒性的化学制剂，若是让孩子玩耍，他们很可能会误吞误食，发生危险。所以，家长一定要把化妆品和洗涤用品收好，放在孩子够不到的地方，谨防孩子乱动。

2. 出入卫生间最好有大人陪同

卫生间空间狭小地板湿滑，孩子出入卫生间很容易摔倒磕伤，发生危险，所以孩子要进卫生间时，大人最好在一旁看护，以防发生危险。

3. 确保卫生间的环境是安全的

父母要时常查看卫生间里置物架是否牢固，热水器电源接触是否正常，地板是否干燥，保证卫生间里的环境是安全的，这也能给孩子出入卫生间提高许多安全系数。

如果有人打电话问东问西怎么办？

现在是信息时代，每家每户都有电话，电话可以不受时间、地点、距离的限制进行无阻碍的自由沟通，已经成为了现代家庭里必不可少的物品了。不过随着发展，电话的许多弊端也逐渐暴露出来。电磁辐射和静电危害人体，更加糟糕的是，还有各式各样的骚扰电话。因为小孩子年幼无知，没有明辨是非的能力，若是让小孩子接了类似的电话，有些不法之徒难免利用这个机会，问东问西，从小孩子的口中套取一些“有用”的信息。

案例

小兰今年八岁，是一个文静的女孩子，平时也是喜静不喜动，时常呆在家里，也很少出去玩。因为小兰乖巧听话，父母对她十分放心。有一天小兰的爸爸妈妈外出有事，小兰就独自一人在家里画画。忽然，电话铃响了，小兰赶忙过去接电话。接通电话之后，是一个陌生的声音，对方号称是小兰妈妈的朋友，说是找小兰妈妈有事情，但是又把小兰妈妈的号码忘记了，就问小兰知不知道妈妈

的手机号码。小兰也没多想，就把妈妈的手机号码告诉了这个陌生人。没过多久，小兰竟然发现妈妈打来了电话，接起电话，小兰才发现妈妈满是焦急，语气里还带着哭腔。听见小兰的声音，妈妈才长舒一口气。

原来刚刚小兰的妈妈接到了一个陌生的电话，告诉小兰妈妈，小兰刚才出了车祸，现在急需要医疗费，要小兰妈妈马上给他转账。小兰妈妈当时就急了，本来想直接给陌生人汇钱，不过转念一想又觉得不太对劲，这才给家里打了个电话，揭穿了陌生人的骗局。

小兰和妈妈遇到的很明显是一起诈骗事件，犯罪分子利用了小兰的年幼无知，从小兰的口中套取家人的信息，再利用父母在意子女的心理，实施诈骗。道理很简单，却依然有不少人上当受骗，这是因为犯罪分子利用了人性的弱点。为了避免这类的事情发生，作为家长平时就应该教孩子如何应对接电话时遇到陌生人问东问西。

1. 无论对方问什么，都不可以告诉他家里的信息

父母可以告诉孩子，无论对方问什么，都不应该告诉对方家里的信息，只要一个字不说，犯罪分子就没有可乘之机，那么犯罪活动也就无从展开了。

2. 可以让对方告知姓名，事后转告父母

父母的朋友或者同事，一般都会有父母的电话号码，所以也肯定不会询问父母的联系方式。若是打电话的人确实有急事，却又不知道父母的号码，孩子可以让陌生人说出姓名，由孩子转告父母。

总而言之，现在通过电话实施犯罪的行为越来越多了，我们不得不让自己的孩子多加提防。相信别人固然是一个人良好的品质，不过也要有警惕心理，提高自我保护的能力和手段。

吃果冻时要多加小心

果冻的外观晶莹，口感顺滑，清甜滋润，因此深受孩子们的喜爱。不过许多孩子吃果冻的习惯很不好，喜欢一边玩闹一边吃，这是非常危险的行为。孩子的口腔较小，吞咽能力较差，在玩闹时吃果冻很可能会把果冻吸入气管，从而导致窒息，进而危及生命安全。

案例

三岁的糖糖是一个可爱的小姑娘，她特别喜欢吃果冻。有一天她和五岁的表姐佳佳一起在客厅里看电视，热情好客的糖糖就从冰箱里拿出冰凉的果冻和佳佳一起分享。两个小朋友吃着果冻看着好看的动画片十分开心，就在这时，动画片里聪明的喜羊羊又一次战胜了灰太狼，可怜的灰太狼被炸到天上飞走了，这可把一对小姐妹乐坏了，嘻嘻哈哈地笑了起来。可是意外发生了，糖糖嘴里的果冻就在这一瞬间卡在了她的嗓子里，顿时她的脸色变成了青紫色，一句话也说不出来了。惊慌失措的佳佳赶忙大声呼救，把糖糖的爸爸找来了。糖糖的爸爸赶忙用手压住了糖糖的舌头，用手指抠挖糖糖的喉咙，糖糖“哇”的一声把果冻全吐出来了，这才挽救了糖糖的生命。

糖糖的故事告诉我们，小朋友在吃果冻时，千万不要大笑，否则很容易发

生窒息的危险。父母千万不要小看这小小的果冻，它可是出了名的“小儿杀手”。孩子被果冻卡住会出现喘鸣、呼吸急促、皮肤出现青紫色等症状，父母若发现孩子出现这些情况，千万不要拍击孩子的后背，以防果冻越陷越深。在联系医院的同时，父母应立即用海姆立克急救法对孩子进行抢救，先让孩子平躺在地面上，父母则跪在孩子臀部的两侧，一只手以掌根压肚脐与肋骨之间的部位，另一只手则重叠在上面，用力迅速挤压，不断重复，直至果冻排出。

除此之外，父母应该还要注意以下几个要点：

1. 把果冻搅成碎块再给孩子食用

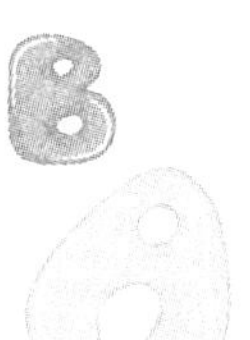

一般来说，孩子在吃果冻前，父母应该先将果冻搅碎，再让孩子食用，这样可以大大增加安全系数。孩子在吃果冻时，父母应该要在旁边照看，以防孩子因为食用不当卡住了喉咙。

2. 不要让太小的孩子吃果冻

三岁以上的孩子才能食用果冻，太小的孩子不要让他吃果冻。即便是三岁以上的孩子，若是吃东西的习惯不好，也不能让他吃果冻，孩子嘴馋了，可以用果汁或者雪糕代替。

第3章
校园内外，孩子要学会保护自己

遭遇了校园暴力该怎么办？

在大家的印象中校园是一个干净纯洁，充满美好的地方。可是，随着校园各种暴力事件纷纷浮出水面，不少新闻、媒体、网络也争相报道发生在校园

里的暴力事件。校园暴力，如同一个挥之不去的魔影，侵蚀着校园这片纯洁的净土。许多父母都担心自己的孩子在学校会被别的同学欺负，可是父母也不能每时每刻都跟在孩子的身边，所以孩子的父母应该教会孩子，当他们在学校遭遇“校园暴力”时，应该如何应对，这是孩子自我保护能力培养不可或缺的一课。

案例

乐乐今年八岁，是小学二年级的学生。乐乐性格内向，胆子也比较小，在学校里很少跟小朋友一起玩，每当老师提问他就害羞脸红，说话结结巴巴的，经常被其他小朋友嘲笑。有一天学校放学了，乐乐一个人背着书包回家。路过校门口的食杂店时，乐乐看到有几个身穿校服的“坏学生”靠在栏杆上吸着香烟，不禁好奇地向那几个“坏学生”瞟了一眼，没想到正好和其中一个“坏学生”的目光对上了。这几个“小混混”立刻就把乐乐给围了起来，对乐乐吼道：“看什么看，想找打是不是！”

乐乐平时就胆小，面对几个凶神恶煞的高年级学生，立刻就吓呆了，两条腿不断地打哆嗦。那几个“坏学生”见乐乐软弱好欺，顿时哈哈大笑起来，并且要求乐乐给他们 50 元钱“赔罪”，那样才能放乐乐离开。乐乐每天的早饭钱也就只有几元钱，根本拿不出 50 元那么多，就只能拒绝了几个高年级学生的要求。那几个“坏学生”恼羞成怒，围了上来就对乐乐拳打脚踢，可怜的乐乐就被打得遍体鳞伤，连眼角都被打裂了。打这以后，乐乐看到陌生人都会打哆嗦，并且再也不愿意来学校上学了，无奈之下，乐乐的父母只能帮乐乐办了转学手续，去一个新环境里学习了。

乐乐很内向，不懂怎么和小朋友们交流，在学校里朋友不多，也不容易引起老师的关注。他的内向胆小，很容易受到攻击性强的孩子欺负，一旦遭到欺负，没有别的小朋友帮忙，也不敢告诉老师和家长。这种妥协和退让，会让发生在乐乐身上的“校园暴力”愈演愈烈，一发不可收拾。为了让孩子在校园里能够健康成长，孩子的父母应该教会孩子如何应对发生在学校里的暴力事件。孩子的父母可以这样教育孩子：

1. 要孩子在学校里多交朋友，不要单独玩耍

如果孩子在学校里朋友很多，经常在一起玩，不仅有利于孩子的身心发展，也不容易遭到欺负。告诉孩子尽量不要一个人玩耍，以避免校园暴力事件的发生。

2. 看到“坏孩子”扎堆，要远离

“坏孩子”一般具有很强的攻击性，他们内心敏感自卑，就如同一个随时都会爆炸的“火药桶”。应该让孩子远离“坏孩子”，避免“坏孩子”突然暴起伤人，遭受无妄之灾。

3. 学会团结、包容同学

每个人身上都有不同的缺点，要告诉自己的孩子，要团结友爱，要学会包容别人身上的缺点，尽量避免和同学发生冲突，这样也可以减少校园暴力的伤害。

4. 遭遇“校园暴力”，一定要及时告诉家长和老师

小孩年纪小，没有社会经验，力量也很弱小，遭遇到校园暴力，往往无能为力，这个时候，应该勇敢地告诉父母和老师，让大人来处理纠纷。

玩耍时要防止玩具枪伤人

无论是催人奋进的抗战影片，还是耗资巨大的美国大片，总是充斥着战斗的影子。那些英姿飒爽、身穿迷彩的军人，往往也会成为小孩子心中的偶像。所以，玩具枪，对怀揣英雄梦的小男孩们有着巨大的吸引力。不过近年来，随

着玩具制造水平的不断提升，有些玩具枪还能打出塑料子弹。这些玩具枪打出的子弹甚至可以洞穿一米外的易拉罐，极具危险性，很容易伤到年幼的孩子。所以，家长一定要告诉孩子，玩耍要注意安全，防止玩具枪伤人。

案例

小强今年六岁，是一个顽皮好动的孩子。他喜欢看打仗的电影，最羡慕的就是那些手拿冲锋枪，冲杀在前线的解放军战士。平时，小强最喜欢做的事，就是拿着玩具枪扮演解放军战士，所以在小朋友之间，小强有着"小战士"的称号。小强很喜欢玩枪，经常缠着爸爸妈妈买枪给他玩，小强的爸爸妈妈很溺爱小强，总是顺着他的意，给他买了各种各样的玩具枪。有一天，小强和小朋友们玩游戏，忽发奇想的小强就跟小朋友提出了玩打仗的游戏。大家拿着玩具枪，互相射击，并且约定好了，只能朝着别人的脚打。

刚开始的时候，小朋友们都很遵守约定，倒也没出什么问题。不过玩着玩着，就玩出问题了。小强的枪法太好了，其他小朋友根本打不过他，于是其他小朋友渐渐急红了眼，最初的约定也慢慢地忘在脑后了。就在这时，意外发生了，只见小强"啊"的一声惨叫，便捂着脸倒在了地上。小朋友们吓傻了眼，过去一看才发现，子弹把小强的眼皮都打青了，小强的整个眼睛都充满着血丝。

之后小强被送到医院里去，医生连说小强的运气好，子弹没有打进眼睛里去，否则那麻烦可就大了。

小强和小朋友们制定好了规则，只要按照游戏规则玩游戏，的确不会出太大的危险，但是孩子的自控力和自制力较弱，在玩得尽兴时，经常会头脑发热，将规则忘在脑后。小男孩喜欢玩枪那是天性，这是很正常的事情，但是家长要告诉孩子在玩的时候，一定要注意安全。除此之后，孩子的父母还应该注意以下两点：

1. 选择符合安全标准的玩具

父母给孩子选择玩具时，一定要选择符合安全标准的玩具。现在许多不法玩具生产商为了追求利益，利用一些有毒有害的材料来制造玩具，孩子玩这些玩具，很容易发生危险。所以，父母在给孩子选购玩具时，一定要注意查看清楚玩具的厂家、生产日期、产地等信息。此外，还需要注意的是，购买玩具时，一定要看清楚这个玩具适合多少岁的孩子玩，不要给孩子购买超出其年龄段的玩具。

2. 看到别人在玩弹珠枪时，要远远地走开

孩子的父母要告诉孩子，若是看到其他孩子在玩有危险的玩具枪时，一定要远远避开，避免被伤害。

绘画课上需要注意的几个问题

绘画可以陶冶情操，开发孩子的形象思维能力，提高孩子对美的鉴赏能力，是一门非常重要的课程。孩子的父母也应该要多多鼓励孩子培养各种兴趣，使孩子的身心都得到充分地发展。不过绘画课上难免要接触到各种各样的绘

画工具，若是使用不当，很可能就会伤害到小孩子的身体健康。所以，父母在培养孩子自我保护能力的时候，一定不要忘了培养他们在绘画课上的好习惯。

案例

六岁的小明是一个内向的孩子，和其他爱笑爱闹的小朋友不同，小明不喜欢玩闹，平时话也不多，总是喜欢一个人静静地坐着。小明的爸爸妈妈觉得小明这样并不好，多次鼓励他和小朋友们一起玩，可惜小明依然无动于衷，最后，他的爸爸妈妈也束手无策了。不过小明很喜欢绘画，画的画很漂亮，甚至在全市比赛中获得过大奖。小明的爸爸妈妈自然很高兴，为了培养小明的兴趣爱好，他们决定为小明报一个绘画兴趣班。小明果然喜欢上了这个兴趣班，不仅上课的时候非常认真，话也开始多了起来，小明的爸爸妈妈对于小明的变化，都感到无比高兴。

可是，奇怪的事情发生了，上绘画兴趣班没多久，小明经常会说自己头疼、头晕、头昏。初时，小明的爸爸妈妈以为小明是太累了，于是督促他多多休息，但是一段时间之后，情况并没有改观，反而变本加厉起来，小明面色苍白，时常还会恶心呕吐，就连大便的颜色都变成了黑色。小明的爸爸妈妈这个时候才意识到事情的严重性，赶忙将小明送到医院救治。在医生的诊断下，才确诊小明是铅中毒。

原来小明有咬笔头的习惯，绘画课上完后，也没有洗手，铅摄入过量，才引起中毒的。

小明这样喜欢绘画的孩子，难免要更多地接触一些画笔、颜料之类的文具用品。若是习惯不好，很容易造成化学品中毒。不仅如此，在绘画课上孩子若是拿着画笔开玩笑，也可能造成一些安全隐患。所以，孩子的父母一定要注意孩子在绘画课上的安全问题：

1. 要给孩子选择符合安全标准的文具用品

孩子的肝、肾功能还没有完全发育好，排毒功能不强，对于毒素和重金属很敏感。在给孩子选择画笔颜料这些文化用品时，一定要选择合格的产品，以减少对孩子的伤害。

2. 告诉孩子上绘画课要养成良好的习惯

孩子上绘画课前，父母就要教育孩子在绘画课上要养成良好的行为习惯，不能咬铅笔头，课后要洗手，不可以将手指放在嘴巴里。

3. 在上课时，不可以打闹玩耍

绘画课上，孩子难免要用到铅笔、小刀、水彩这些具有一定伤害性的物品，若是孩子在绘画课上肆意玩闹，很可能就会被铅笔、小刀扎伤，抑或是将水彩弄到眼睛里，发生危险。因此，家长要教育孩子，在上课时不可以打闹玩耍。

上厕所的时候不可打闹

下课只有短短的十分钟，生性好动的孩子，会抓紧时间，在这短短的十分钟内打闹一番。有些孩子甚至在上厕所的时候，也嘻嘻哈哈开玩笑。你推我一把，我拉你一下，就算是正在小便的孩子，有时也难以幸免。上厕所开玩笑是非常不好的行为，不仅会让孩子受伤，甚至可能给孩子的心理留下阴影，造成严重的不良后果。所以，幼儿父母一定要告诫自己的孩子，上厕所时不可以打闹。

案例

康康今年五岁，活泼机灵，特别对下象棋产生了兴趣，于是康康的妈妈就给康康报了一个象棋兴趣班，每到周末，就会带康康去兴趣班上象棋课。象棋兴趣班的小朋友很多，爱笑爱闹的康康很快就和这些小朋友们成了好朋友，平时下课一起玩闹开心极了。

有一天，康康和他的好朋友小路一路上打打闹闹地到厕所里方便，两个小朋友玩得正在兴头上，在厕所里依然不停歇，还在互相追逐。就在这个时候，意外发生了，跑在后面的康康忽然脚下一滑，脑袋重重地撞在了厕所门框的棱角上，鲜血流了一地。小路看见了，吓呆了，不知所措地站在康康旁边，大声地哭喊起来。康康的象棋老师看到满头是血的康康，也吓了一跳，赶忙抱起康康，往医院跑去。在医生的治疗下，才把康康的血给止住了。医生又帮康康的伤口消了毒，缝了四针，康康的象棋老师这才深深地松了一口气。

回到象棋培训班之后，康康的象棋老师赶忙制作了一个标语，告诫其他孩子不可以在上厕所的时候打闹，并且把小路也好好地教育了一番。

康康之所以会摔倒，磕破了脑袋，一方面是因为康康在厕所里打闹，另一方面也是因为厕所本身存在的安全隐患。家长一定要告诫孩子，在上厕所时一定要注意安全，不能打闹。父母可以这么教育孩子：

1. 告诉孩子厕所的地板很滑，容易滑倒

学校里都是公用厕所，地板难免潮湿，有些地方还有不少积水，要告诫自己的孩子，在厕所里要注意安全，不要踩到水以免滑倒。

2. 上厕所时，要有秩序，不可以拥挤和打闹

每当下课，难免会有很多小朋友来上厕所。这个时候，应该要告诉自己的孩子，遵守秩序，不要在厕所里拥挤打闹，以免发生危险。

3. 上厕所之后，不要忘了洗手

许多小朋友上厕所之后，想赶紧去和小朋友玩，抑或是干脆就在厕所里打闹，经常就忘记了洗手。小朋友的手上难免就会留下大量的细菌，危害到孩子的身体健康。这个时候，要告诉孩子，上厕所后，先洗完手，再做其他的事情。

老师过分惩罚，孩子要告诉父母

孩子天性活泼好动，注意力很难集中，只要有一丁点风吹草动都能引起他们的注意。尤其是小男孩，往往比小女孩更加好动，在学校很容易受到老师的责骂和处罚。老师为了教孩子养成正确的行为习惯，对一些顽皮的孩子进行处罚，是一种正常的教学手段。所以，老师罚学生，这本来是无可厚非的，不过近年来不断有因为过分惩罚，导致孩子伤残的事件曝光，这种新型的“校园暴力”走进了家长们的视野。当自己的孩子面对老师的过分惩罚，孩子有理由说不。

案例

“妈妈救我，别让我上学了。”年仅七岁的小宇从睡梦中哭喊道，让小宇的妈妈心中一阵揪心的疼。原来，在昨天下午，小宇和小阳、小明两个小朋友在操场玩闹，没有听到上课铃声，等到上课铃已经响了五分钟，这才回过神来跑进了教室。小宇的老师很生气，

就让三个人站在讲台上罚站，挨个扇耳光。其中，小宇挨了五个耳光，小明挨了七个耳光，而小阳最惨，被老师扇了十一下。

小宇说，挨耳光的多少，主要是看他们的态度，若是在挨打的时候不躲闪，那么就少打些，若是有躲避，那就要一直打下去。愤怒的小宇妈妈，第二天就找到了小宇的老师进行了交涉，小宇的老师当场就承认了错误，并且向小宇的妈妈保证以后再也不打小宇了。没想到小宇的老师口是心非，从此记恨上了小宇，小宇挨打的次数更多了。无奈的小宇妈妈只好把这个问题反映给了校长，并且让校长出面保证，小宇的妈妈这才让小宇重新回到了学校。

小宇的故事告诉我们，新型的“校园暴力”已经开始在学校里蔓延。孩子年幼无知，没有丰富的社会阅历和经验，力量也极为弱小。相对于老师，他们占据弱势地位。一旦老师要对他们实施惩罚，他们往往无计可施，只能屈服。孩子的家长应该要告诉孩子，面对老师的体罚，一定要勇敢地说不。同时，家长也应该注意到以下几点问题：

1. 作为家长，不能只听信老师的一面之词

有一些家长，对老师盲目相信，主观地认为老师说的都是对的，问题都是出在自己的孩子身上。每当孩子回来告状，不问青红皂白地就将孩子训斥一顿。这样会使孩子心灵受到创伤，不再相信父母，有些孩子甚至会产生极强的逆反心理，变得厌学、逃学。所以作为家长，当孩子回来哭诉时，不能一味地偏袒或者训斥，应该将事情的前因后果搞明白，以此作出正确的处理。

2. 告诉孩子，若是老师过分惩罚，要告诉父母

在学校里，总会有一些老师，缺乏必要的职业操守，对孩子们大打出手。遇到这种情况，孩子的家长应该告诉孩子，老师过分的惩罚，应该要断然拒绝。若是老师还要动手，应该马上跟爸爸妈妈联系，防止暴力事件的发生。

3. 家长要做孩子坚实的后盾

在这个世界上，没有人会比父母更爱自己的孩子，孩子若是受到委屈，家长应该要为孩子主张正义，不能因为面子跟这些社会的不良现象妥协。

碰到大孩子抢东西不要害怕

校园就是一个小社会，孩子在校园里，难免要遇到各种各样的同龄孩子。有的孩子活泼友善，有的孩子机灵可爱，有的孩子顽皮好动，有的孩子敏感内向，但还有一些孩子充满攻击性，喜欢欺负比自己弱小的孩子，抢他们的东西。当我们的孩子遇到这种情况，父母应该告诉孩子，要采取恰当的行动，不要害怕。

案例

小寒今年八岁，他是一个活泼顽皮的小男孩，时常会出点状况，让老师头疼。今天下午因为只上了两节课，放学很早，小寒背着书包一蹦一跳地就往回家的路上走。当小寒路过游戏机厅的时候，心中不禁想起了那些好玩的游戏，忍不住有些手痒。小寒看了看天色还早，就偷偷摸摸地钻进了游戏机厅。进入游戏机厅后，小寒就用妈妈给他买早餐的钱，买了几个游戏币，开始玩起了游戏。就在小寒玩得正高兴的时候，忽然有人在拽他的书包。小寒回头一看，吓了一跳，只见三个身穿高年级校服，面色不善的学生盯着他看。那几个高年级的学生，二话不说就开始掏小寒的口袋，说是

要向小寒借钱。小寒身上所有的钱都用来买游戏币了，那群高年级的孩子自然什么也没找到。

于是几个高年级的孩子，把小寒的书包给扣下了，让他回去拿20元的赎金，否则书包就不还给他。小寒害怕极了，当场就哭了下来，但是他又打不过这几个大孩子，只好哭哭啼啼地回去告诉了妈妈。小寒妈妈出面后，才把小寒的书包给要了回来，几个大孩子也被学校处分了。

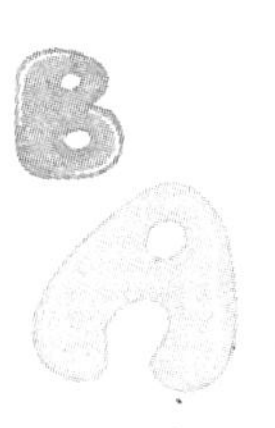

小寒是一个低年级的孩子，在学校里属于弱势群体。放学后，他没有直接回家，而是到学校附近的游戏机厅玩耍，在这种地方，经常聚集着学校里一些行为不良的坏孩子。他们看到小寒年纪小、身体弱，就会心生邪念，对其敲诈勒索，抢夺他的东西。好在小寒将这件事及时告诉了妈妈，这才化险为夷，没有受到伤害。孩子在学校里上学，有时难免会遇到大孩子敲诈勒索的情况，孩子的父母应该告诉孩子注意以下几个问题：

1. 不要轻易满足大孩子的要求

告诉孩子，若是有大孩子抢夺他的东西，甚至敲诈勒索，又暂时无法脱身时，不能轻易满足对方的要求，可以找借口推说身上没钱，约定地点再"交"，拖延时间。

2. 要沉着冷静，不要害怕，注意保护自己的安全

告诉孩子，面对大孩子抢他的东西时，应该要沉着冷静，不要害怕，可以和他们讲道理，不过不要激怒大孩子，以免受到伤害。

3. 要及时告诉父母和老师

告诉孩子不能因为受到大孩子的胁迫，就不敢把事情告诉父母或老师。应该及时将事情经过报告给父母或老师，让他们来处理。

周围有患上传染病的孩子要远离

有些孩子生病后，因为没有发烧、呕吐等明显病症，父母也不够重视，就和往常一样把孩子送到学校里去了，这就给其他孩子的安全造成了隐患。孩子的免疫系统还不完善，和这些患病的小朋友们一起玩耍时，难免容易被传染。所以家长要告诉孩子，在学校和小朋友玩耍时，一定要远离那些患有传染病的孩子。

案例

小健今年四岁，他是一个十分懂事而且很听话的乖孩子，在学校很受老师们的喜欢。他还是一个热心肠的孩子，喜欢帮助同学，班级里的小朋友也都很喜欢他。在一个天气晴朗的好日子，小健和往常一样，在爸爸妈妈的陪同下来到了学校。到班级之后，小健发现同桌小梓趴在座位上，一动也不动。小健觉得十分奇怪，心想小梓平时活泼好动，最喜欢打打闹闹了，平时在班级里没人比他更活跃了，今天怎么这么安静呢？于是小健就走到小梓的旁边，主动和小梓打招呼。小梓抬起头来，一副没精打采的样子，面色也十分不好。小健赶忙用小手摸了摸小梓的额头，发现小梓的头发热得很厉害。小健吓了一跳，赶紧跑到老师办公室找他们的班主任陈老师。陈老师赶紧就带着小梓上医院，经过医生的检查，确诊小梓患的是手足口病。陈老师意识到了事情的严重性，马上将情况告诉了校长，学校也马上停课，进行全面消毒。

手足口病是一种儿童传染病，具有很强的传染性。患病的孩子主要表现为发热，手掌、口腔出现疱疹，并伴有咳嗽、食欲不振等症状。少数患儿还会伴有心肌炎、肺水肿、无菌性脑膜炎等症状，严重的甚至还可能导致死亡。手足口病一般通过接触传播，孩子在学校里和其他患病的小朋友打闹、嬉戏、玩玩具等等都可能造成传染。所以在春夏这样传染病高发季节，孩子的父母一定要对猩红热、流脑、手足口病这些儿童常见的传染病提高警惕，具体应该要做到以下几点：

1. 教育孩子要注意个人卫生

每一种疾病都有它的传播途径，只要阻断了疾病的传播途径，就能防止传染病的传播。所以，父母在平时让孩子养成良好的卫生习惯，就能减少孩子患上传染病的可能。

2. 若是孩子患上传染病，不要勉强他去学校

学校是一个公共场所，若是孩子患上了传染病却还到学校上课，一则对孩子的康复不利，二则也可能会把传染病传染给其他孩子，造成大规模的传染病流行，那就得不偿失了。学习文化知识是很重要，但是孩子的身体健康却比这个更重要。

3. 给孩子注射疫苗

在传染病的高发期，有针对性地给孩子注射麻疹疫苗、乙肝疫苗、猩红热疫苗、手足口病疫苗、流行感冒疫苗等等，这也可以有效地预防孩子患上传染病。

别拿着铅笔、小刀、小剪子嬉戏

孩子在学校里嬉戏，时常会挥舞着文具打闹，有的孩子把铅笔当“宝剑”在空中乱舞，在小朋友的脸上涂画；有的孩子不知道小刀、小剪子的危险性，不仅没有将小刀、小剪子妥善收好，反而拿起它们和其他孩子“械斗”起来。这些行为都是十分危险的，在玩闹时，一不小心就会伤害到别的孩子，也有可能伤害到自己，酿成意外事故。

案例

小雅今年六岁，是一个漂亮可爱的小女孩，一双眼睛水灵灵的，仿佛会说话。下课铃响了，爱学习的小雅依然在座位上静静地写作业。这时，小雅忽然感觉到自己的小辫子被揪了一下，抬头就看见一脸笑嘻嘻的小跃。小跃这孩子是班级里的调皮大王，爱笑爱闹十分活泼，和文静的小雅简直就是两个极端。平时小跃最喜欢欺负小雅了，有时揪揪小雅的头发，有时拍拍小雅的小手，甚至还把玩具蛇放在小雅的书包里吓唬她。所以小雅很讨厌小跃，看到又是小跃在欺负她，羞恼成怒的小雅站起来就要去打小跃，却忘了把手中的铅笔放下。不想小雅在追小跃出门时，不小心被门槛给绊倒了，小雅摔倒在地上，她手中的铅笔蹭到了脸皮，刮出了一条血痕。小雅小嘴一撇，哇哇地哭了起来，小跃顿时急了，赶紧扶着小雅去了医疗室。在医生的治疗下，小雅才止住了哭声，过了好几天，脸上的小伤口才愈合。

孩子喜欢打打闹闹、互相追逐，像小跃和小雅这样的打打闹闹在学校里是很常见的。不过父母一定要告诉孩子，玩耍时千万别拿着铅笔、小刀、小剪子这些锐利的东西，否则很容易发生危险。小雅在和小跃打闹时，正是忘记了把铅笔放下，摔倒时才被铅笔划伤小脸。还要注意的是，小孩子在学校里和同学

打打闹闹是很正常的事情，若是孩子回到家里向父母告状在学校被同学“欺负”了，父母一定不要简单粗暴地冲到学校去，找那个同学理论甚至威胁。那样或许可以防止自己家孩子免受“骚扰”，不过也很容易使孩子被其他小朋友孤立，不利于孩子的健康成长。孩子的父母应该积极地和老师沟通，了解情况，先让老师来处理。

及时上厕所，不要憋着

许多孩子都会有这样的经历，在学校，下课时互相打闹忘了时间或者是因为老师拖课，就没有上厕所，结果到了上课，就很想上厕所。有的孩子怕被老师斥责，不敢报告老师，这是非常不好的。憋尿会让毒素和有害物质长时间滞留在膀胱中，损坏膀胱和肾脏功能，严重的会引起膀胱炎、尿道炎、尿痛、尿血或者遗尿等疾病，危害孩子的身心健康。孩子的父母一定要告诉孩子，一定要及时上厕所，不要憋尿。

案例

小伊是个七岁的小男孩，刚刚上小学一年级。他并不是那种很有个性的孩子，在学校里不吵不闹，学习成绩也不好不差，在老师和同学们眼中，小伊就是一个“中等”学生，很容易被人遗忘。有一天小伊起得晚了，上课的预备铃响了，他才急冲冲地赶到教室。可是一坐到位子上，小伊就觉得自己浑身不自在，原来他早晨忘了上厕所，现在有一些尿急。不过看到老师已经站在讲台上开始讲课了，平时就十分老实的小伊可不敢主动跟老师说要上厕所，就只能一直憋着尿。等啊等，好不容易一节课过去了，久违的下课铃终于响了起来，小伊仿佛已经看到了曙光。没想到老师依然在讲台上滔滔不绝地讲着课，丝毫没有下课的意思。短短的下课十分钟，就在老师的讲课中过去了，而且下一节课的老师走进教室后，丝毫没有让小朋友们上厕所的意思，直接就讲起课来。小伊涨红了脸，他感觉到自己膀胱一阵刺痛，就在老师喊他站起来回答问题时，他的尿再也憋不住了，把整条裤子都尿湿了。

小伊是一个听话老实的孩子，平时就比较胆小，想要上厕所，却害怕挨骂不敢跟老师说，这才尿了裤子。父母平时在培养孩子自我保护能力的时候，一定要告诉孩子，下课时不能只顾着玩耍而忘记去上厕所，也要告诉孩子，若是上课的时候尿急，也不要憋着，一定要及时地跟老师说。憋尿不仅对身体健康很不利，会造成很多疾病的发生，而且在憋尿时，孩子也无法集中注意力认真听课。这样，不仅伤害了身体，也无益于学习。同样，一些老师也应该注意孩子的年龄特点和心理特点，不要无故拖课或者以不让孩子上厕所作为惩罚。若是孩子的家长发现老师的这种行为，应该主动和老师进行沟通，以求达成共识，给孩子创造一个健康科学的学习环境。

周围的这些朋友不能交

送孩子到学校上学，不仅仅是让孩子学习文化知识，也是为了让孩子多多结交朋友，培养孩子的社交能力，确保孩子的身心健康发展。但是在

学校里孩子的性格千差万别，有的孩子热情友善，有的孩子阳光向上，但是却也还有一些孩子慵懒顽皮，攻击性强，喜欢欺负同学。孩子在学校里交朋友时，一定要告诉孩子，哪些朋友是不能交的，否则孩子在学校里跟错了“帮”，会对孩子身心成长造成极为不利的影响。

案例

小龙今年八岁，人如其名，他是一个生龙活虎的孩子，平时特别喜欢体育运动，尤其钟爱打篮球，那些 NBA 的大牌明星们都是小龙所崇拜的偶像。小龙喜欢运动，这本来是一件好事，小龙的爸爸妈妈也十分支持小龙在课余时间参加体育活动。不过一段时间之后，小龙的爸爸妈妈感觉小龙有些反常，时常很晚才到家。每次父母问小龙去干什么了，小龙总是支支吾吾编造各种各样的理由。刚开始，小龙的爸爸妈妈也没太当回事儿，直到有一天小龙的妈妈在小龙的身上闻到浓浓的烟味，她这才隐隐感觉到事情有些不对了。不过小龙妈妈并没有马上质问找小龙，而是不动声色地和小龙爸爸商量起对策。经过研究，小龙的父母决定轮流“跟踪”小龙几天，看看他到底去干什么了。

几天下来，这可把小龙的父母给吓坏了，原来每当小龙放学之后，就和几个“不三不四”的高年级的孩子混在一起，出入游戏厅，一起躲在角落里吸烟，甚至还去欺负低年级的小同学，抢他们的钱和东西。小龙的父母这才意识到事情的严重性，赶紧和小龙的班主任取得了联系。经过沟通才知道，原来小龙身体发育很快，人高马大的他，经常和高年级的孩子打篮球，因此也结交了几个“坏孩子”。在那些“坏孩子”的教唆下，小龙渐渐堕落了，开始跟这群坏孩子出入“三室两厅”，时常还会抽烟打架。在了解情况后，小龙的父母和老师果断地采取措施，切断了小龙和那群“坏孩子”的联系，这才让小龙的生活重新回到了正轨。

小龙喜欢体育运动，阳光开朗喜欢结交朋友这些都是优点，不过小龙却结交了损友，差点将他带上歧途。学校就是一个小社会，在学校里，孩子会遇到形形色色的小朋友。父母一定要告诫孩子，在学校里交朋友，需要谨慎，一定要和那些性情纯良的孩子成为朋友，也要告诉孩子，在他的身边，有许多人是不能当朋友的。具体来说，父母需要提醒孩子的是：

1. 有不良嗜好的孩子，不能成为朋友

在学校里，有一些孩子会有一些不良嗜好，比如躲在厕所里吸烟，喜欢出入游戏机厅、台球厅、舞厅这些杂乱的场合。结交这些朋友，势必会对孩子的行为造成一定的影响。

2. 品行不端的孩子，不能成为朋友

有一些孩子，因为种种原因，品行不太好。比如：有的孩子小偷小摸，乱拿同学的东西；有的孩子倚仗自己强壮，欺负弱小的同学；还有一些孩子甚至模仿电影电视里的情节，对同班同学实施敲诈勒索。父母一定要告诉孩子，这类同学，一定要远离，避免麻烦上身。

3. 督促孩子按时回家，经常和老师沟通

孩子的自控能力差，又缺乏基本的判断是非能力，干了坏事还会觉得新奇好玩。为了切断孩子不良行为的温床，父母一定要督促孩子准时回家，放学后，不能让孩子随意在外面玩耍。

放学不要和陌生人走

放学之后，总会有许多低年级孩子的父母来接送孩子。不过有些父母因为工作忙或者交通等原因无法准时接孩子回家，许多孩子在等待时，往往十分焦急。此时若是有一些居心不良的陌生人主动对孩子表示关心，告诉孩子是爸爸妈妈托付他来的，孩子往往会信以为真。若是学校疏于管理，孩子的身边没有老师进行看管，那些不良分子往往可以轻易得手。所以，孩子的父母在平时的教育中，一定要告诉孩子，放学之后，如果有陌生人说要接他回家一定不能信。

案例

小宝今年五岁，是个机灵活泼、很招人喜欢的女孩子，因为家离学校比较远，所以平时上学、放学都是爸爸妈妈接送她的。今天小宝和往常一样在学校门口等爸爸妈妈来接她，不过十分钟过去了，依然还没见到爸爸妈妈的身影。小宝也不着急，和旁边的小朋友说说笑笑打发时间。可是随着时间一分一秒地过去了，身边的小朋友也都被他们各自的爸爸妈妈接回家去了，唯独不见小宝的爸爸妈妈出现。小宝左看看右盼盼，心中逐渐也有些焦急起来。就在这时，一个大约三十多岁的阿姨主动跟小宝打招呼，跟小宝说，小宝的爸爸妈妈有事，不能来了，于是嘱咐她来接送小宝。小宝听到阿姨这么说，也有一些心动，她面色犹豫地说道："阿姨，老师说过，和陌生人离开一定要经过她的同意，要不你跟我一起去找老师吧。"那个陌生的阿姨见小宝这样说，神情一变，有些支支吾吾起来。就在这时，小宝的爸爸来了，那个陌生的阿姨见到小宝的爸爸，脸色一变，灰溜溜地离开了。小宝则高高兴兴地跟爸爸回家了。

孩子放学时，是最容易发生意外的时段，孩子的父母一定要谨慎对待。在平时，孩子的父母可以从以下几点对孩子进行教育：

1. 告诉孩子陌生人是不能相信的

要告诉孩子，只要平时是他不认识、不熟悉的人，都是不可以信赖的，绝对不能跟着陌生人离开。

2. 场景模拟训练孩子的应变能力

孩子的逻辑思维能力不成熟，形象思维能力却相对发达。若只是对孩子进行说教，往往起不到什么作用。为了达到言传身教的目的，父母就应该采取一些情景模拟这种孩子易于接受的教育方法。孩子的父母可以扮演成陌生人，和孩子进行模拟，并且在这个过程中教育孩子遇到类似的情况应该怎么办，这样会起到很好的教育效果。

3. 接孩子的人，一定要让孩子见过

若是孩子的父母确实有事，要叫别人来接送孩子，就一定要托付给孩子见过的熟人。

放学后遭遇抢劫怎么办?

在生活中,不可能事事如意,有一些意外,就算再小心,有时候也是难以避免的。孩子放学后,离开了学校的保护,一些居心不良的歹徒,很可能就会因为孩子幼小可欺没有反抗能力,对孩子实施抢劫。所以,父母在培养孩子自我保护能力时,一定要告诉孩子在遭遇抢劫时,要如何应对。

案例

小武今年八岁,是小学二年级的学生。今天星期六,小武就和隔壁上小学六年级的大哥哥小定一起到图书馆看书。为了图省事,小武和小定两个人决定抄近路,走一条僻静的小道。就在两个孩子高高兴兴地一边听着音乐一边谈笑的时候,意外发生了。一个鼻翼旁边长了个大包的中年男人将自行车横在了小武和小定面前,直接抢走了小武的随身听,然后从口袋里拿出了一把折叠刀抵在了小武的胸口,让小武和小定把身上所有的钱都交出来。小武和小定害怕极了,就要哭喊起来,中年人赶忙威胁道,若是他们敢哭出声来,就直接捅死他们,两个孩子才怯怯地止住了哭声。可是两个人身上根本没有钱,于是中年人就将小定的手机给抢走了。待中年人骑自行车走后,两个吓得六神无主的孩子失声痛哭,附近的居民了解情况后,赶忙报了警。在警察的侦查下,才将那个中年男子抓住,把孩子丢失的随身听和手机找到。不过这件事之后,小武好几天都精神恍惚,一副惊魂未定的样子。

小武只是八岁的孩子，个子小、力量弱，当面对拿着刀的歹徒时，缺乏基本的自保能力。面对歹徒索取财物，只能乖乖就范。在生活中，这类事件尽管很少发生，但是在培养孩子的自我保护能力时，也应该告诉孩子，当他们面对穷凶极恶的歹徒时，应该注意的几个问题：

1. 遇到歹徒时，要沉着冷静，不要惊慌

因为实施抢劫的大部分是成年人，孩子没有丝毫的反抗能力，所以父母一定要告诉孩子，这个时候要沉着冷静，默默记住歹徒的体貌特征，为事后抓捕坏人提供便利；不要大喊大叫或者威胁警告歹徒，以免歹徒狗急跳墙，威胁到自己的生命。

2. 若是无法求救，一定要以生命为重

若是周围环境无法及时得到救援，一定要以生命为重。告诉孩子不要把钱财看得太重，而要主动交给他，不要反抗或者激怒歹徒。

3. 歹徒逃逸后，应该及时报警

歹徒抢夺财物后，肯定会第一时间离开现场。父母应该教育孩子，要在第一时间报案，然后告知父母。

除此之外还要注意，孩子遭遇抢劫后，不仅仅身体可能受到伤害，有时心灵的创伤会更加严重。父母应该及时对孩子进行心理疏导，以免在孩子的内心深处留下阴影。若是孩子的情况比较严重，父母应该及时带孩子就诊心理诊所，寻求专业人士的帮助。

警惕陌生人的邀请

年纪小的孩子辨别能力和自控能力较差，缺乏基本的警惕性，而且孩子的天性本就贪玩好动，喜欢新奇

的事物。当面对陌生人花言巧语的邀请，许多孩子都会心动。一些防范意识淡薄、意志力薄弱的孩子很可能就会跟着陌生人离去，发生危险。孩子的父母在平时一定要让孩子养成良好的行为习惯，要警惕陌生人的邀请。

案例

小萱是个五岁的小姑娘，白白净净的，扎着两个小辫子可爱极了。她是家里的独苗，在家没有同龄的孩子陪她玩闹，她时常会一个人到楼下找别的孩子玩，不过却时常找不到小伙伴，很孤独。一天，小萱也是一个人在社区公园荡秋千玩儿。就在这时，一个陌生的阿姨走到了小萱的面前，一个劲儿地夸小萱听话、漂亮，而且要陪小萱玩耍，小萱自然忙不迭地答应了。陌生的阿姨陪着小萱玩了一阵子之后，就从挎包里拿出零食递给了小萱，小萱看着好吃的薯片犹豫了一会儿，摇了摇头说道："妈妈不让我吃别人家的东西。"

又玩了一阵子之后，那个陌生的阿姨又提出，公园这边能玩得东西太少了，她可以带小萱去更大的游乐场玩，并且告诉小萱在游乐场里有很多很多的小朋友，还有比这个要大得多的秋千。听到有许多的小朋友，小萱的眼睛一亮，顿时怦然心动了。小萱又看了看眼前这个阿姨，不像是坏人，就点了点头，表示愿意跟着这个陌生的阿姨离开。就在此时，小萱的妈妈忽然出现了，警惕地看着这个陌生人。

陌生人看到小萱的妈妈来了，神色十分慌张，连话也不敢多说一句，从公园旁边的小道溜走了。

小萱是家中的独女，身边的玩伴很少，内心很孤独，非常渴望能够和同龄的孩子一起玩耍。这个陌生人便是利用这一点诱惑小萱，单纯的小萱果然轻易就上当了。六岁以下的孩子心智发育不全，懵懂无知，很容易被人哄骗，所以父母在平时一定要注意以下几点：

1. 培养孩子良好的习惯

父母在平时就要培养孩子不占小便宜，不吃陌生人给的食物，不随意接受陌生人邀请的好习惯。

2. 不要让年纪过小的孩子一个人在家附近滞留

有调查表明，小孩子的意外事故有一大半都是发生在家附近。因为周边环境很熟悉，家长的警惕性就降低了，有时孩子独自出门也放任不管，主观认为不会发生什么意外，结果往往就发生了悲剧。所以，家长千万不要让年纪过小的孩子一个人在家附近滞留。

3. 多多陪伴孩子，增进亲子沟通

从小萱的事件中可以看出，小萱并不是缺乏自我保护的意识，之所以会上当受骗，是源于小萱内心的孤独。所以，在平时父母应该积极地和孩子进行沟通，让他们感到父爱母爱的温暖，那么自然就不需要从陌生人那边寻求慰藉。这样任凭陌生人的花言巧语有多么美好，也无法影响到孩子了。

提防告知你家里出事的陌生人

现在的社会日益复杂起来，许多骗子的手段层出不穷，让人防不胜防。因为小孩子的社会阅历少，在面对一些突发事件时，难免乱了阵脚，不知道如何应对。若是陌生人告诉孩子，你的家人出事了，孩子们惊吓之下，往往会乱了阵脚，让那

些不法之徒有机可乘。所以，平时父母在对孩子进行个人保护能力的培养时，一定不能忘了告诉孩子，提防告知你家里出事的陌生人。

案例

琳琳今年七岁了，因为爸爸妈妈工作忙，没有时间照料她，琳琳就住在外婆家。因为外婆的身体不太好，学校又在小区里，所以平时放学之后，都是琳琳自己走路回家，没有家人来接送。一天又到了放学时间，琳琳和其他的小朋友一起蹦蹦跳跳地从学校里唱着歌走了出来，整个笑脸都洋溢着甜蜜的微笑。这时，忽然有一个面色焦急的阿姨拦住了琳琳的去路，这个阿姨问道："小朋友，你是不是叫琳琳?"琳琳不明所以，乖乖地点了点头。这个阿姨立马紧张地说道："琳琳，我是你妈妈的同事，你妈妈在上班时出事了，现在正在医院，你还是赶紧跟我去一趟，看看她吧!"琳琳顿时惊呆了，满脸露出焦急的神色，小嘴一撇就要哭出来。这个阿姨赶忙好言好语安慰琳琳，琳琳顿时感觉心里暖暖的。就在琳琳决定跟阿姨去找妈妈的时候，旁边的一个小男孩小智忽然问道："琳琳，这个阿姨你认识吗?"琳琳摇了摇头说不认识。小智又说道："琳琳，妈妈告诉我，若是有陌生人说家里出事了，就要小心。不如我们先回学校找下老师好不好?"琳琳想了想，就点了点头，拉着那个陌生的阿姨就朝学校走。那个陌生的阿姨脸色骤然大变，赶忙挣脱了琳琳的小手，跑掉了。

琳琳从小是由外婆照顾的，和爸爸妈妈接触的时间比较少，对于爸爸妈妈的情况不了解。所以，当陌生的阿姨告知琳琳妈妈出事时，琳琳才会信以为真。好在琳琳的好朋友小智识破了这个阿姨的诡计，才让这个图谋不轨的陌生人灰头土脸地跑了。家长在教导孩子时，可以告诉孩子当有人告知家中出事了，应该这么处理：

1. 冷静头脑，不要惊慌

父母应该告诉孩子，若是有陌生人告诉他这些事情，一定要头脑冷静，不要惊慌，不能因为消息太过突然，乱了阵脚。

2. 绝不透露家中信息

当孩子遇到这种情况时，父母应该告诉孩子，无论这些陌生人是说妈妈出事了要爸爸的联系方式，还是爸爸出事了要妈妈的联系方式，都不可以轻易告诉陌生人。

3. 寻找大人的帮助

父母要告诉孩子，若是他分不清陌生人说的话是真是假时，一定不可以盲目相信陌生人的话，应该找老师或者熟悉的邻居辨明真伪。

放学后，不要到建筑工地玩耍

有许多孩子放学之后没有直接回家，而是在马路上逗留玩耍，有些孩子甚至不顾“施工重地，闲人免进”的警告，跑到工地里玩耍。在孩子眼里，工地是一个很有意思的地方，不仅可以用遍地的红砖堆砌城堡，还可以爬到“沙山”上，尽情地玩沙子。翻越围墙、在建筑物中穿梭，就如同经历了一场了不起的大冒险，给孩子带来许多惊险和刺激。工地很不安全，随时都可能发生意外，孩子在里面玩耍是非常危险的。因此，父母一定要叮嘱孩子，放学之后，千万

不要到建筑工地里玩耍。

案例

七岁的龙龙是一个小学一年级的孩子，一天放学后，龙龙就和他的两个好朋友小强、小毅一起背着书包回家了。在回家的路上，他们看到一个正在施工的工地，好奇心旺盛的龙龙就怂恿他的两个好朋友一起到工地里看一看。经过龙龙的劝说，两个小朋友也十分心动。于是三个孩子就从工地围墙的小洞里偷偷地钻了进去。热火朝天的施工场面让三个孩子眼前一亮，他们欢呼一声就朝沙堆跑了过去。三个孩子还没玩一会，就被路过的工人看见了，工人赶紧过去，驱赶他们。三个孩子吓坏了，立马从沙堆上爬了下来，朝小洞方向跑去。龙龙在奔跑过层中，不料被横在地上的钢筋绊倒了，结果重重地摔在了地上。全身剧烈的疼痛，让龙龙大声呼喊起来。小强、小毅见龙龙摔伤了，也顾不得逃跑了，赶忙过去把龙龙扶了起来。三个孩子被工人带到了施工办公室，在联系他们的父母之后，龙龙才被父母带回家了。回到家之后，龙龙的妈妈将龙龙身上的伤口小心包扎起来，然后对龙龙进行了一番十分严厉的批评。

工地是充满危险隐患的地方，就算是戴上安全帽的工人们出入工地都有可能受伤，更何况是未采取任何防护措施的孩子们。这些孩子们在工地玩耍，一旦发生突发情况，后果不堪设想。其实许多父母经常都会教育孩子，不可以到工地里玩耍，进出工地要戴安全帽等常识，但是家长的这些“苦口婆心”很难挡得住孩子旺盛的好奇心。因此，与其横加阻扰，不如多教孩子一些工地的相关知识，满足孩子的好奇心。

1. 给孩子看工地的施工图片

孩子若是对工地非常好奇，父母可以从电脑上下载一些工地的施工图片，告诉孩子工地的一些相关知识，满足孩子的好奇心。孩子的好奇心得到了满足，也就不会不听劝阻，偷偷跑到工地里去玩了。

2. 告诉孩子随意进出工地会给工人带来麻烦

在告诉孩子工地充满危险的同时，也要让孩子知道，随意进出工地会给工人施工带来许多麻烦，会影响别人工作。大部分孩子都是性情纯良、明白事理的，当知道自己的行为会给工人带来麻烦时，他们很容易就会打消到工地里玩耍的念头。

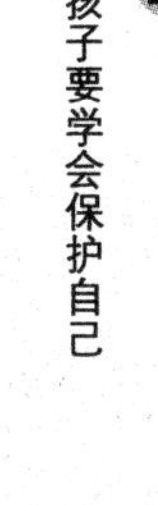

第4章 教孩子做自己的“交通守护神”

告诉孩子，如何“走路”才正确

有许多孩子走路的习惯不太好，有的仰着头走路，有的则低着头走路，还有的孩子东张西望注意力很不集中。人行道是一个公共场合，若是走路的习惯不好，很有可能会发生磕碰，发生危险。所以，孩子的父母在教育孩子交通安全知识时，应该先培养孩子良好的走路习惯。

案例

小跃今年三岁了，活泼开朗的他是个小小的“人来疯”。每当小跃的爸爸妈妈带他到大街上，小跃就格外喜欢闹腾，在宽大的人行道上跑来跑去，藏在行人的身后“躲猫猫”，在公园小道边的长椅上跳来跳去，玩得不亦乐乎。小跃的爸爸妈妈跟小跃说了好几次，也没能改掉他的这个坏毛病。今天天气闷热，等太阳下山后，小跃的爸爸妈妈就带着小跃出门纳凉。小跃和往常一样，跑在爸爸妈妈的前面，在马路上蹦来跳去，可高兴了，任凭爸爸妈妈如何呼喊，小跃依然我行我素。就在小跃一边仰着头一边乱跑的时候，忽然被脚下的石头绊了一下，摔了个大跟头，把手和脚都磨破了。小跃就坐在地上哇哇地哭了起来。小跃的爸爸妈妈赶忙过去，把小跃扶了起来带回家，抹了红药水，过了好几天小跃的伤口才愈合。

小跃的年纪太小，走路不喜欢看路，没有养成正确的走路习惯，所以才会摔倒受伤。孩子的父母在带孩子出门时，以为自己都在身边，可以保护孩子，就疏忽了对孩子走路习惯的培养，这是不好的。养成良好的走路习惯有助于孩子增强交通安全意识，也会减少意外的发生，父母平时应该这样做：

1. 告诉孩子走路时不要仰着头或者低着头，应该看前方的路

很多孩子在走路时，喜欢仰着头或者低着头走路，经常不看路，导致发现不了前面可能出现的危险。所以，孩子的父母一定要教育孩子，走路时，不能仰着头或者低着头，一定要注意看前面的路。

2. 养成正确的走姿

让孩子养成正确的走姿也是十分重要的，许多孩子的走姿不正确，在路上走路也容易受伤摔跤。父母要告诉孩子，走路时应该上体伸展、伸直膝盖、脚

要向前迈，不可以东张西望，要集中注意力。

3. 孩子的父母要以身作则

孩子的模仿力很强，很多时候都是大人怎么做，他们也会怎么做。其实很多时候，孩子的一些不良的走路习惯都是“遗传”父母的。所以，父母应该先改掉自己的不良习惯，以身作则。

横穿马路时要注意交通信号灯

交通信号灯是道路交通的基本语言，是交通信号的重要组成部分。交通信号灯由红灯、黄灯、绿灯组成，每一种颜色的灯都有不同的警示作用。孩子在过马路时，若是不遵守信号灯的指示，就很容易发生危险。父母在教孩子过马路时，一定要注意教孩子识别并遵守交通信号灯。

案例

今年五岁的小丽是一个活泼开朗、爱学习的小姑娘，平时最听老师的话了，老师讲的知识她全部都会记在脑子里。有一天，小丽的爸爸带小丽逛超市，买了好多东西，小丽可开心了，围在爸爸身边蹦蹦跳跳的。走了一段路，小丽的爸爸便带着小丽来到了马路边上准备过马路。因为已经到了中午，路上的车辆并不多，小丽的爸爸左看看右望望，发现车辆很少，也就没有理会交通信号灯耀眼的红色小人，就直接牵着小丽的手，要带着小丽横穿马路。可是小丽却一把将爸爸给拽住了，然后奶声奶气地说道："爸爸，老师说红灯的时候，是不可以过马路的，你要听老师的话，要做一个遵守交通规则的好孩子。"小丽的爸爸被小丽的话给逗乐了，赶忙摸了摸小丽的头说道："好，是爸爸不对，爸爸和小丽一起做一个遵守交规的好孩子。"小丽听到爸爸的话，高兴地点了点头。又过了一分钟，交通信号灯由红色变成了绿色，爸爸这才和小丽手牵手过了马路。

交通安全很重要，孩子的父母在平时就应该告诉孩子认识并遵守交通信号灯。

一般来说，交通信号灯分为机动车信号灯、非机动车信号灯、人行横道信号灯三种。无论是哪一种交通信号灯都有红、黄、绿三种颜色：

1. 红灯亮时是绝对禁止通行的信号

红灯亮时是禁止通行的信号，要告诉孩子，遇到红灯时，就不可以过马路，必须站在人行道边上等待。

2. 黄灯是过渡的灯，介于红灯和绿灯之间

黄灯具有双重含义，既警示路边的行人，通行时间已经结束，不要通过人行横道；又告诉那些已经在人行横道中间的人，要依据来车情况而定，或尽快通过，或原地不动，或退回原处。

3. 绿灯是允许通行的信号

当人行横道指示灯亮起了绿灯，那就是允许通过的标志。父母要告诉孩子，绿灯亮起时，过马路才安全。

在家长教导孩子识别交通信号灯时，为了方便孩子学习，孩子的父母可以找一些关于交通信号灯的儿歌或者顺口溜，方便孩子记忆。例如：交叉路口红绿灯，指挥交通显神通；绿灯亮了放心走，红灯亮了别抢行；黄灯亮了要注意，人人遵守红绿灯。

当没有交通信号灯时，孩子过马路就要更加小心了，父母在教育孩子时，应该让孩子注意以下几点：

1. 过马路时，要走直线，不能迂回穿行；在没有人行横道的路段，要看左右两边是否有汽车，没有时，才可以横穿马路。

2. 和小朋友一起过马路时，要谨记，不可以互相玩耍打闹，以免发生危险。

3. 要告诉孩子，不能翻越道路中央的安全护栏或隔离带。

4. 若是过马路时车辆很多时，可以向路边的叔叔阿姨求助。

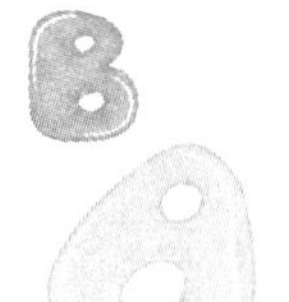

除了交通信号灯，还要懂汽车信号

随着城市化建设的进程加快，私家车已经开始渐渐地走进了寻常百姓家。随着车辆的增多，交通事故也逐年增加，汽车已经成为孩子在外最大的安全隐患之一。孩子的父母在教育孩子识别交通信号灯的同时，也应该让孩子了解一些基本的汽车信号的含义。

案例

小刚是一个四岁的小男孩，活泼顽皮，十分招人喜爱。他家住在一个比较高档的小区里，小区里的私家车很多，偌大的室外停车场停满了各式各样的小轿车，顽皮的小刚最喜欢和别的小朋友一起在这个室外停车场里玩耍。一天和往常一样，小刚写完了妈妈给他布置的家庭作业，就丢下手中的笔，冲到外面去找他的小伙伴玩了。刚到他们的“秘密基地”——室外停车场，小刚就看到别的小朋友已经在停车场里玩起了躲猫猫，小刚自然毫不犹豫地加入了进去。小刚怕被“鬼”抓到，灵机一动，就来到停车场的一个偏僻的角落里，躲在了一辆大车的背后藏了起来。小刚的这个方法果然奏效，五分钟过去了，他依然没有被小朋友找到，就在他洋洋得意的时候，他忽然看到这辆车的尾灯开始闪烁，小刚以为这辆车要开走，也没太在意，只是向后退了一点。没想到这辆车却猛地倒，将小刚撞了个跟头，小刚疼得“哎哟”了一声。好在司机叔叔及时发现，这才没有伤到小刚。

停车场里停满了各种车辆，孩子在里面玩是具有一定危险性的。小刚会被撞个跟头，是因为小刚不懂汽车信号造成的。所以，尽管孩子不会开车，也应该让孩子了解基本的汽车信号：

1. 汽车转向灯

汽车转向灯就是在汽车转向时，起到警示车前或车后车辆和行人的作用。前转向灯在汽车大灯旁边，后转向灯安装在汽车尾部，而侧转向灯安装在第一驾驶室的车门或者是后视镜上。

2. 汽车倒车灯

在汽车的尾部，安装有汽车倒车灯，在倒车时可以照亮车后的情况，并对车后的人或车起到警示的作用。

3. 汽车刹车灯

汽车刹车灯的作用就是让后面行驶的汽车发现前方车辆刹车，起到防止追尾的目的。

孩子对于图像的记忆远优于对于文字的记忆，所以，父母在教孩子识别汽车信号时，可以带孩子去停车场，现场教导孩子这方面的知识，这有利于孩子更快更牢地记住。

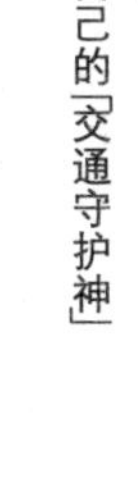

雨、雪、大风天气要更加注意交通安全

天气无常,有时难免会遇到天气不好的情况,赶上雨、雪、大风天气,容易发生交通事故,应该让孩子尽量少出门。若是一定要出门,父母就要告诉孩子在雨、雪、大风天气,一定要更加注意交通安全。

案例

小毅今年六岁,他活泼好动,是一个可爱的小男孩。连绵的大雪终于停了,已经憋在家里好几天的小毅跟妈妈嚷着要出门找小朋友玩。小毅的妈妈被小毅闹得没有办法,只好把小毅里三层外三层裹得严严实实的,这才放小毅出门。小毅家马路对面就是一个大公园,放眼望去,只见厚厚的积雪给整个公园穿上了一件厚厚的银装,白茫茫的一片,宛如童话世界一般。几个小朋友在公园里滚雪球、打雪仗、堆雪人,玩得不亦乐乎。小毅哪里还按捺得住心中的激动,赶忙从人行横道跑了过去。这时忽然有辆车开了过来,刚下过雪的路面很滑,虽然司机叔叔看见小毅时及时踩了刹车,可是汽车依然还从小毅的身边蹭了过去。小毅啪的一下摔倒在了地上,吓得小脸苍白。司机叔叔吓坏了,赶忙从车上下来,帮小毅检查了一下身体,发现小毅除了擦破了脸,其他地方没事,这才安了心。等到小毅的妈妈赶了过来,司机叔叔这才离开了。

小毅的故事告诉我们，雨、雪、大风天气是很容易发生交通事故的，所以孩子在出行时，一定要嘱咐他们多加注意安全：

1. 下雨天气应该注意的事项

下雨天地势低洼地带积水较多，孩子的父母一定要告诉孩子，在路上遇到积水的地方应该尽量绕行，不要故意去积水里踩水花玩耍。若是迫不得已要在积水中行走，一定要注意观察，防止跌入井坑中。还有就是不要在树下或者广告牌下面躲雨，避免被雷电击伤。

2. 下雪天气应该注意的事项

在雪天出行时，要注意给孩子穿上鞋底条纹深的防滑鞋，告诉孩子一定要避开发亮的雪地和冰面，防止滑倒。其次，在过马路时，一定要更加注意四周，不能只顾脚下，因为在下雪天，车辆是很难控制，要防止被车辆撞伤。最后要注意的是，下雪天摔倒，手腕很容易骨折，一定要让孩子注意自我保护，小心走路。

3. 大风天气应该注意的事项

在大风天气中行走，父母要告诉孩子，不要在大风中嬉戏玩闹，少走高层建筑之间的狭长通道，因为在通道中，风力会加大，谨防发生危险。走路时，要靠着屋檐走，避免高层落物伤人。

告诉孩子什么叫超载超速

孩子走在路上，安全隐患就是来来往往的车辆，所以父母在教导孩子遵守交通规则，注意交通安全的同时，也应该让孩子对基本的交通现象有一定的了解。这样才能

使孩子面对有危险的情况及时规避，避免意外的发生。车辆的超载超速这些违规行为是道路安全最大的杀手，孩子的父母应该要告诉孩子，什么是超载超速。

案例

小海今年七岁了，对一切都充满了好奇心，是一个很调皮的孩子。就算走在大街上，也很不老实，动动这个，摸摸那个，时不时还和路边的小狗开个玩笑。无论是在家里，还是在学校，小海都是大人头疼的对象。一天放学了，小海抄了黑板上老师布置的作业，就收拾好东西，高高兴兴地回家。走在路上，小海在人行道上跳来跳去，一个人也玩得很高兴。这时，忽然一辆小卡车晃悠悠地从小海的身边开了过去。小海的眼睛一亮，原来这辆小卡车和别的小卡车不同，在小小的卡车上面，搭载着比卡车体积还要大得多的废纸，整辆卡车看起来就如同一个移动的纸山一样。这顿时勾起了小海这个好奇宝宝的兴趣，他悄悄地跟在了卡车后面奔跑。小海的行为恰好被一个好心的阿姨看见了，这个阿姨赶忙走了过去，一把将小海拉住，跟小海说，他这样是很危险的。就在阿姨的话还没说完，那辆如纸山一般的卡车"轰隆"一声在不远处翻了。这个事可把小海吓了一跳，若不是好心的阿姨拉住了小海，那可多危险。

小海对一切事物都充满好奇心，小海的父母就应该在生活的各个方面满足小海的好奇心，告诉他什么可以做，什么不能做，这样才能避免很多危险。小海回家后，小海的爸爸妈妈就应该告诉小海，什么叫超载超速，这些行为都有什么样的危害：

1. 超载

汽车实际的装载量超过汽车本身最大容许的限度就是超载。超载有很多危害，不仅会损坏路面，还会酿成许多交通事故。根据数据统计，交通事故中，有80%都是由于超载引起的。父母平时应该告诉孩子，遇到超载车辆时，应该要远离，避免货物倒塌造成危险。同时也要告诉孩子，超载车辆不能坐，很可能会发生危险。

2. 超速

司机在开车的过程中，行驶速度超过了法律、法规规定的速度就叫超速。汽车在超速行驶的过程中，司机的视野会变窄，视力会下降，对于前方事物的判断会变得不准确，很容易酿成恶性的交通事故。父母在告诉孩子什么是超速时，可以找一些图片来加以说明，方便孩子理解。

马路上车多人多，不可当游戏场

在放学的时候，时常都会看到这样的场景，三五成群的孩子们聚在马路上一起玩耍。有的孩子在玩“跑跑抓”，有的孩子在路上玩“摔跤”，还有的孩子干脆当起了武林高手，在大马路上和别的孩子“切磋武艺”，本来就不宽的马路变成了孩子的游乐场。孩子活泼好动无可厚非，但是在大马路上打打闹闹，不仅干扰了行人走路，也可能会磕着碰着，酿成交通事故。所以，平时父母在教育孩子遵守交规的同时，也应该告诉孩子，马路上车多人多，不可以在马路上玩闹。

案例

今年七岁的小马顽皮好动，仿佛有用不完的精力，不仅在幼儿园里很活跃，就是在大马路上也不消停。学校放学后，小马和两个好朋友小乐、小宇一起回家。走在半道上，精力旺盛的小马提出要和小乐、小宇玩“跑跑抓”。小乐、小宇两个孩子都有些犹豫，小乐开口说道：“小马，妈妈说不能在马路上玩游戏的，不如我们回家再玩吧。”

小马满不在乎地说道：“小乐，没关系啦，你看现在人少，车也不多，玩游戏最好哦。”小乐和小宇两个孩子张望了四周，发现真的没有什么人，也就点了点头同意了小马的建议。于是三个孩子就在马路上玩起了“跑跑抓”，在人行道上疯玩起来。因为小宇的个子比较高，跑得也很快，小马为了躲避小宇的抓捕，使劲了浑身解数。就在小马走投无路，束手就擒之际，小马也顾不得那么多了，直接从人行道上蹿到马路中间去了。可能是跑得太急了，小马走在马路中间不小心摔倒了。这时一辆车呼啸而来，眼看就要撞到小马了。好在开车的司机叔叔及时刹住了车，小马这才化险为夷，没有出什么大事。

小马和小朋友在马路上玩耍，玩到尽兴时，毫无危机感地跑到马路中间，丝毫不顾忌往来的车辆，差点就酿成了意外事故。孩子的目标小，又缺乏基本的应变能力，自控能力差，如果放任孩子在马路上玩耍就会很容易发生危险。在平时，孩子的父母就应该这样教育孩子：

1. 告诉孩子不可以在马路上玩耍，更不可以跑到马路中间去。而且要让孩子知道，即使是在马路边上玩耍也是很危险的，甚至可能会有生命危险。

2. 和孩子上街时，若是发现孩子喜欢在路上玩耍，一定要及时地制止，并对孩子进行教育。

3. 告诉孩子应该在哪里玩耍，许多孩子之所以在马路上玩耍，是因为缺乏活动空间造成的。为了孩子的健康成长，父母应该阻止孩子在马路上玩耍，同时，还应该告诉孩子在哪里玩耍才安全。

翻越护栏是很危险的

孩子有时过马路，为了图方便，喜欢翻越护栏。这种行为是非常不好的，不仅破坏了城市文明形象，也会给孩子的安全带来很大的隐患。

案例

八岁的小杰和小明是一对形影不离的好朋友，放学后，两个人就结伴回家了。因为时间还很早，在小明的提议下，两个孩子决定先到离家不远的公园玩耍，不过要去公园需要多绕一段一百多米的路，才能过马路。两个孩子都觉得很麻烦，于是就打算从马路上的护栏翻过去。小杰的身手敏捷，如同一只轻巧的猴子一般，很轻松地就翻过了护栏。可是身体较胖的小明却遇到了麻烦，他使尽了浑身解数，也没办法翻越过护栏。于是，小杰就伸手拉着小明想把他拽过来，却不料两个孩子的手忽然滑开了，小杰在巨大的惯性下跌倒在马路中间。这时忽然有一辆轿车从小杰的身边驶过，竟然勾住了小杰的衣服，把小杰拖行了好几米，小杰当场就疼晕了过去。等小杰重新醒来时，发现他已经在医院里挂着吊瓶，爸爸妈妈正在旁边焦急地等待着。

在所有的交通意外中，90％都是因为没有按照交通规则指示造成的，小杰和小明在翻越护栏的那一刻起就是在拿自己的生命安全当儿戏。司机在开车时，因为注意力高度集中，视野会变得窄小，而学龄前的孩子目标很小，忽然出现在马路中间时，司机很难在第一时间发现，即使发现了，因为巨大的惯性，司机也很难及时刹车。所以为了避免意外，孩子在过马路时，一定不可以翻越护栏，否则就可能付出惨痛的代价。

1. 让孩子知道“护栏”不是“跨栏”

护栏是为了防止司机失误或其他原因造成车辆非正常行驶闯入对向车道造成事故的防护措施，同时也是为了诱导司机的视线、增加行驶车安全感和美化公路。父母应该让孩子知道护栏是用来维护交通安全的设施，而不是运动场里的“跨栏”，不能随便翻越。

2. 翻越护栏是不文明的行为

翻越护栏不仅容易发生危险，同时也是一种不文明的行为。在翻越护栏的过程中，可能会损坏护栏，给交通安全造成隐患。父母要告诉孩子，作为一个懂文明守礼貌的小公民，就应该遵守交通规则，从斑马线过马路。

不要在铁路边嬉戏打闹

在铁路沿线，尤其是那些居民区密集的地方，经常可以看到有人肆意穿梭于铁道两边。许多孩子成群结队地在铁路上嬉戏玩闹，把铁路变成了游乐场。有的孩子沿着铁路追逐，有的孩子则在铁路中间玩石子，还有的孩子甚至故意等到火车经过，玩躲避火车的游戏。这些行为都是极度危险的，很有可能会带来严重的后果。孩子的父母一定要告诫自己的孩子，千万不可以在铁路上嬉戏打闹。

案例

四岁的小波住在火车道附近，每天小波家的门前都有许多火车经过，他经常都会站在铁道边看火车。有一天，小波和往常一样站在铁道边想看火车，不过左等右等火车总是没有来。闲得发慌的小波就一个人跑到铁轨上玩了起来。他一会儿捡石子丢着玩，一会儿把铁轨当平衡木玩，玩得尽兴的小波丝毫没有注意到火车渐渐向他驶来。火车越来越近了，小波却毫无觉察，依然蹲在铁道上专心地玩着小石子。这时，一个铁道工人看到了小波，他脸色大变，赶忙跑了过去，一把拽住了小波冲出了铁轨，火车从他们身边呼啸而过，火车带来的阵阵烈风吹得小波的衣服呼呼作响。这个令人害怕的情景让小波的脸色变得苍白，“哇”的一声哭了出来。从此以后，小波再也不到铁道上玩耍了。

随着科技的进步，火车在不断提速，孩子在铁道上玩耍也会越来越危险。好在年幼的小波被路过的铁道工人及时发现，这才化险为夷。平时父母应该这样告诫自己的孩子：

1. 告诉孩子不可以到铁路旁边玩耍

有些孩子喜欢在铁路旁边玩耍，以为没有在铁轨上就是安全的。其实不然，如果离铁轨太近，火车在高速行驶时带起的劲风很容易将孩子卷入铁轨发生危险。

2. 禁止孩子在铁轨上玩耍

年纪小的孩子警觉性太低，玩起来根本注意不到高速行驶过来的火车，在铁轨上玩耍很容易危及生命。

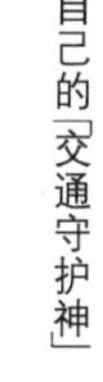

3. 告诉孩子不要朝火车投石子

有许多孩子喜欢朝行驶中的列车投石子，这也是十分危险的，一旦石子反弹，很容易伤到自己。

乘地铁时的安全隐患

地铁虽然给我们的生活带来了许多便捷，但是地铁人员密集，又处于地下的封闭空间内，一旦发生意外情况，人员很难疏散。孩子在乘坐地铁时，不知道地铁的基本常识，就很容易受伤。所以，父母要让孩子注意在乘坐地铁时存在的安全隐患。

案例

五岁的小清和妈妈一起乘地铁回家，地铁站里的人不多，小清和妈妈很容易乘上了地铁。在地铁上，活泼好动的小清就像一条小泥鳅，在车厢里跑来跑去。小清的妈妈赶忙一把抓住了小清的手，喝斥他不准再乱跑了，小清只好委屈地嘟着嘴站在妈妈的身边。孩子的情绪总是来得快，去得也快，没过几分钟，小清又开始活跃起来了，不过小清知道妈妈不会再让他乱跑了，他机灵的大眼睛滴溜溜地一转，将兴趣转移到了地铁中间的栏杆上。他跑到中间的栏杆旁边站稳抓好，然后开始沿着栏杆转起圈圈来。小清的妈妈觉得只要小清不要到处乱跑，有自己看着，转转圈应该没什么危险，就没有阻止小清。小清越玩越高兴，转圈的速度也越来越快了。就在小清的妈妈感觉到有些不妙，想要阻止小清的时，意外发生了。地铁忽然刹车了，巨大的惯性直接把小清给甩飞了出去，“砰”的一声，小清的小脑袋撞到了地铁的门上，肿起了一个大包，小清疼得坐在地上哇哇地哭了起来。

小清在乘坐地铁时，之所以发生了危险，一方面是因为小清活泼好动，在乘坐地铁时“不老实”，在车厢里做游戏；另一方面则是因为小清的妈妈安全意识淡薄，对小清的监管不力。孩子年小体弱，不知道如何保护自己，不仅在人多时容易被挤压踩踏；在人少时，也可能会因为疏忽大意受到伤害。所以父母在带孩子乘坐地铁时，应该特别留意以下几个安全事项：

1. 在人流高峰期间，尽量少带孩子乘坐地铁。在乘坐地铁时，尽量到车头或者车尾进车厢，地铁的车头或者车尾相对于列车中部宽松一些，孩子不容易受到挤压。

2. 在等候地铁时，要在黄线外排队候车，要告诉孩子不要随意蹲下，容易阻碍队伍前进，发生踩踏事故。

3. 在车厢内，要告诉孩子不要随意跑动玩闹，要让孩子抓好扶手，防止在列车行驶过程中摔倒。

4. 告诉孩子在人多时，使用自动扶梯要紧紧抓好扶手，靠右站立。

乘火车时的安全隐患

火车具有安全、快速、便宜等诸多优点，是中长途旅行的首选。孩子的父

母若是要带孩子一起旅行，在乘坐火车时，就一定要注意孩子的安全。火车上人员构成复杂，不仅要防止火车上人员对孩子带来的威胁，同时也要防范火车本身存在的一些安全隐患。在乘坐火车之前，父母就要教育孩子初步了解这些可能出现的隐患，防止孩子意外伤害的发生。

案例

小天今年四岁，小小的他对一切新鲜的东西都充满了好奇和兴趣，总是缠着爸爸妈妈，用他稚嫩的小手指指指点点，问东问西。国庆节到了，小天的爸爸妈妈好不容易迎来了十一黄金周，就决定带小天外出旅游。这可把小天高兴坏了，在旅游的前夜，他兴奋了一整个晚上。终于到了出发的日子了，小天的爸爸妈妈准备好行李带着小天来到了火车站，因为是旅游旺季，火车上挤满了人，行走十分不便，兴奋的小天也只能坐在位子上看窗外的风景。对于小天来说，窗外的风景美极了，时而高楼林立，时而山峦俊秀，小天不知不觉就入迷了。到了中午时间，小天的爸爸妈妈有些困了，他们嘱咐小天不要到处乱跑，有什么事就要叫醒他们。就在小天的父母睡醒没多久，小天的父母听见了小天凄厉的哭声。小天的父母马上被惊醒了，这才发现小天捂着眼睛在座位上大声的哭喊。事后，小天的父母才知道，原来小天一个人玩太无聊了，就把小脑袋伸到了窗户外面去，结果被飞来的沙子迷住了眼睛。

小天在火车上受伤，很大程度上是小天父母疏忽造成的。他们主观以为小天留在位子上，大白天的不会出什么事，却疏忽了孩子本身的特点。小天是一个充满好奇心的孩子，喜欢摆弄那些没见过的新鲜事物。小天第一次乘坐火车，火车的一切对于他来说都是新鲜的，结果就将头伸到窗外去，让沙子飞进了眼睛。根据数据显示，在火车上最容易受到伤害的就是那些年幼的孩子，所以孩子的父母带孩子出行的时候，需要注意以下几点：

1. 带孩子上下火车时，一定要注意脚下的缝隙，避免孩子的脚被卡住。

2. 有的火车车厢窗户是可以打开的，不要让孩子把身体任何部位伸出火车窗外，避免被外面的物品划伤，或是被沙子迷眼。

3. 不要让孩子在车厢内走来走去，因为火车行驶时车厢晃动，孩子很容易摔倒。

4. 不要让孩子靠近取开水的地方，要让孩子尽量远离吃泡面或者喝开水的人，避免烫伤。

5. 车站人多拥挤，应该让孩子紧紧拉着家长的手，不要一个人走动，以免走丢。

6. 若是孩子要使用厕所，父母一定要陪同，避免意外磕碰。

乘船时的安全隐患

船是一种十分重要的交通工具，是现代社会交通系统的重要组成部分，是一种价格较为便宜的出行方式。不过孩子活泼好动，在船上很可能会到处走动，产生一些安全隐患。因此，孩子的父母在乘船前就一定要将这些可能出现的安

全隐患熟记于心，减少安全事故的发生。

案例

三岁的小宝是个活泼可爱的小机灵鬼，平时最喜欢粘着妈妈，无论妈妈到哪里，小宝都要跟着。今天小宝的妈妈要到乡下去看外婆，小宝理所当然地就成了妈妈的“跟屁虫”了。因为通往外婆家的那条桥正在维修，小宝的妈妈只好带着小宝到了码头，决定乘船去看外婆。这可把小宝高兴坏了，这还是小宝第一次坐船呢。妈妈带着小宝买了票，就上了去外婆家的游艇。这条游艇分为两层，小宝为了看沿途的风景，就缠着妈妈要到楼上去，于是小宝就和妈妈到了船的上层。游艇开动了，在水面上疾驰着，小宝高兴坏了，拉着妈妈的手不停地指指点点，还奶声奶气地唱着儿歌。唱着唱着，机灵可爱的小宝就从位子上站起来，开始挥舞着小手跳起舞来，这可把船上的乘客给逗乐了，大家都给小宝击掌伴奏。就在这时，船体忽然剧烈摇晃了一下，小宝的小脚一滑跌倒了。好在旁边一个不认识的叔叔眼疾手快，一下子把小宝给抱住了，才避免了小宝摔倒。不过受了惊吓的小宝依然小嘴一撇，“哇”的一声哭了出来。小宝的妈妈把小宝搂在怀里，哄了好久这才止住了小宝的哭声。

小宝的故事告诉我们，在船上不比在陆地上，在行驶的过程中，难免会出现一些突发的状况，造成船体摇晃。孩子若是在船上嬉戏玩闹，很有可能就会磕磕碰碰，造成损伤。所以在乘船时，一定要让孩子在位子上坐好，没有必要不要随意走动，避免摔伤。除此之外，在乘船时，还应该注意：

1. 带孩子出行，一定要选择符合安全规定的船只。所乘船只一定要有关部门颁发的安全资格证书，不可以乘坐无证船只，也不要为了赶时间，图省事乘坐超载船只。

2. 父母一定要告诉孩子，在上下船时，不要拥挤争抢，要有序地上下船，防止落水等事故的发生。

3. 乘船时，父母要告诉孩子，在船上不可以乱跑，不要在甲板上嬉戏打闹，不能拥挤在船的一侧，防止船体倾斜。

4. 船上的许多设备都与船只能否安全行驶有关，千万不可以让孩子乱动，以免扰乱船上的秩序。

乘坐汽车时的安全隐患

汽车是现在最常见的交通工具之一，同时也是事故发生率最高的交通工具。年幼的孩子在乘车时，喜欢在车厢里跑来跑去，亦或是将小手伸到窗外去，这些都是危险的行为，存在巨大的安全隐患。孩子的父母在教育孩子交通安全知识时，一定要告诉孩子乘车时可能存在的安全隐患，让孩子及早地学习乘车时的安全法则，这样才能让很多危险防范于未然。

案例

小夏今年五岁了，夏天到了，妈妈就带着小夏到他的外婆家避暑。今天车站的人很多，挨肩擦背地挤在一起，小夏和妈妈也被挤在了密密麻麻的人堆之中。过了一会儿汽车来了，人们不约而同地往车门里挤去，小夏也只能和妈妈顺着人流往车门里涌。不过

人实在太多了，小夏和他的妈妈被人流挤散了，小夏的妈妈已经到车上了，可是小夏却被留在了车站里。小夏的妈妈拼命地想把小夏往车厢里拉，就在这个时候，车门忽然关了，小夏稚嫩的小手被车门夹住了，车缓缓地开动了。小夏的妈妈赶忙叫司机停车，司机听到呼喊赶紧刹住了汽车，并打开了车门。小夏的妈妈赶忙从车厢里挤出去，把小夏抱在怀里。小夏一边哭一边喊着手疼，妈妈发现小夏白嫩的小手上已经有一道深深的紫痕。

小夏遇险和公交车站混乱的乘车次序是分不开的。许多乘客为了能够更快地挤上汽车，不顾乘车的秩序，随意拥挤推搡，造成了很多安全隐患。父母带年幼的孩子乘车时，宁可多等一班车，也不要抢这一两分钟的时间。孩子太小，力量很弱，在庞大的人流中很难有效地保护自己，一旦和父母挤散，就很容易出现意外。为了能够让孩子在出行时多一分安全保障，带孩子乘车时，还应该注意以下几点：

1. 选择通风的位置

乘车时间较久，就一定要选择通风的位置，若是空气不畅，孩子很可能会晕厥。在出门前可以准备一些橘子、橙子，孩子晕车时，可以给孩子闻闻橘子皮，能够有效地防止晕车。

2. 告诉孩子不可以在车厢里玩耍

汽车开动后，要告诉孩子应该坐好或者扶好，不可以在车厢里随意走动玩闹，避免碰伤。

3. 在汽车上时，不要吃零食

在乘车时，尽量不要让孩子吃零食，因为在汽车紧急刹车或者路面不平时，孩子吃果冻、饼干、糖果时，很容易吸进气管发生危险。

4. 告诉孩子不能将头手伸出窗外

许多孩子去旅游时，看到窗外新鲜的景色，很可能忍不住将头和手伸出窗外，这是很危险的，父母一定要及时制止。

乘飞机时的安全隐患

飞上蓝天是每一个孩子的梦想，孩子乘坐飞机，在巨大的轰鸣声中飞上蓝天，难免会有几分兴奋和好奇。飞机上那些新奇的装备和机舱外云上风光都会深深地吸引孩子的眼球。活泼好动的孩子难免会“坐不住”，想要在飞机上走一走、看一看，时不时地起身想要上个厕所。因为飞机的特殊性，在乘坐飞机前，孩子的父母应该提早告诉孩子在飞机上可能存在的安全隐患。

案例

飞机腾空了，四岁的小花感觉到一阵头晕目眩，耳朵嗡嗡作响，十分难受。小花焦躁不安，在椅子上动来动去，还不停地用手拉扯安全带，妈妈发现小花的情况有些不对，赶忙将身体靠近小花，小声地安慰她。飞机终于冲破云层开始在空中平稳地飞行了，小花终于安静下来了，心情也逐渐好了起来。又过了一会儿，空姐推着餐车给飞机上的乘客发放食物，小花要了一小杯椰汁，慢慢地喝了起来。就在这时，小花忽然感觉到飞机一阵颠簸，小花的椰汁打翻了，淋了一身，妈妈无奈地拿起纸巾，把小花身上的椰汁擦干净，并且叮嘱小花要小心一些，并且数落了小花几句。小花感觉到很委屈，明明是飞机的问题，妈妈为什么说我不对，就在此时，小花

感觉到自己的胃里一阵翻腾，一股酸味涌了上来，小花感觉到恶心，大口大口吐了出来，刚擦干净的衣服，又脏兮兮了，小花委屈哇哇地哭了起来。这次的经历给第一次乘飞机的小花留下了很不愉快的印象。

在乘坐飞机时，由于飞机产生的不规则的颠簸，刺激了内耳前庭，就有可能发生眩晕、恶心、呕吐等症状。孩子在0—2岁一般不会出现晕机现象，随着孩子年纪的渐长，时常就会有晕机现象的发生。而且飞机在下降过程中产生的失重感也会让很多孩子感觉到恐惧，孩子时常就会出现不安、惶恐、躁动的情绪，严重的还可能会对飞机产生恐惧。在乘坐飞机前，父母就应该和孩子讲乘坐飞机时应该要注意的安全事项，让孩子心理有个准备。

1. 不要轻易责怪孩子

有些孩子一旦上飞机，会出现异常情绪，时常会在座位上乱动乱抓，这很可能是孩子身体不适造成的。父母应该问清孩子原因，然后安抚孩子，不要因为孩子不听话，轻易地就呵斥孩子。这不仅会让孩子感觉到委屈，也可能会导致孩子身体不适的症状加剧。

2. 和孩子讲解一些航空知识

有些父母只喜欢要求孩子做这做那，而没有告诉孩子原因，孩子就会产生强烈的好奇心和逆反心理，这样是非常不利于沟通的。所以，父母在告诉孩子诸如要捆好安全带，不能再飞机上乱跑、在飞机起飞时不要惊慌等基本的乘坐飞机的安全常识时，也应该和孩子解释，为什么要这样做，这样孩子才会更易于接受父母所教授的知识。

3. 和空姐沟通

父母也可以让孩子跟空姐沟通，让空姐来告诉孩子坐飞机时应该注意的事项，这样做的好处是，不仅更全面地了解了飞行安全知识，也可以锻炼孩子的沟通能力，一举多得。

第5章

社会复杂，孩子需学会保护自己

不要对别人说家里的事儿

孩子天真善良，防范心理不强，在与人交谈时，很轻易地就会把家里的事儿告诉别人，还有一些孩子则喜欢大肆吹嘘自己家里的情况。这些家事若是平常人听了也就一笑而过了，但是落在了某些“有心人”的耳朵里，难免会让他们动一些歪心思，萌生一些不好的想法。有时甚至还会因为孩子不经意的一句话，带来意想不到的麻烦。孩子的父母要告诉孩子，不要轻易地跟别人说家里的事儿。

案例

七岁的牛牛是一个开朗大方、乐于助人的孩子，不过牛牛有一个让人头疼的毛病，喜欢到处跟人吹嘘他家里的事儿。只要一有机会，逢人便会说他的爸爸是一个大工程师，妈妈是大学里了不起的教授，而他自己每个月有多少多少零用钱，花都花不完。刚开始时，牛牛的小伙伴都很羡慕他，都愿意跟他一起玩，不过久而久之，他的小伙伴渐渐发现牛牛就是在吹牛，渐渐地都和牛牛疏远了。孤零零的牛牛感觉到很寂寞，只好去找一些陌生的孩子继续吹嘘他的家世。直到有一天，牛牛忽然被几个高年级的大孩子给围住了，他们要牛牛拿200元钱，否则就要把牛牛暴打一顿。牛牛害怕极了，但是又怕那些大孩子报复，只好偷偷摸摸地跑回家，从他爸爸的钱包里“拿”了200元钱，正要出门时，却被他的妈妈发现了。在妈妈的质问下，牛牛只好一五一十地把事情说了出来。于是牛牛的妈妈便带着牛牛到了学校，在学校老师的配合下，几个勒索牛牛的大孩子被抓住了，经过了解才知道，原来几个大孩子听了牛牛的吹嘘，觉得牛牛是一只“肥羊”，这才打了“劫富济贫”的心思。牛牛这才知道，原来这祸还是他自己惹出来的，于是牛牛跟他的妈妈保证，以后再也不随便吹牛说家里的事儿了。

牛牛为了得到小伙伴们的认可，满足他小小的虚荣心，就开始大肆吹嘘自己家里的情况，这才引来了大孩子们的注意，被勒索了钱财。孩子的父母应该要告诉孩子，无论在什么情况下，都不应该随便说家里的事儿，否则很可能就会招惹麻烦。平时孩子的父母也应该注意以下几点：

1. 不要跟陌生人或不熟的人谈家里的事儿

有些别有所图的人，总是会想方设法接近孩子，奉承孩子，讨好孩子，就是为了从孩子口中“套”出他想要的信息。孩子年幼无知，缺乏社会经历，很难辨别人是人非，所以应该让孩子养成良好的习惯，不要跟陌生人或不熟的人谈家里的事儿。

2. 不要吹嘘家里的情况

一定要告诉自己的孩子，不要吹嘘自己家里的情况，若是家庭条件确实优越，那更是要低调处事，免得招来很多不必要的麻烦。

3. 孩子的父母要做个好榜样

孩子都是喜欢模仿父母的，孩子的许多缺点都可能存在父母的身上，所以作为父母，一定要以身作则，给孩子当一个好榜样。

告诉孩子不要贪小便宜

有些孩子喜欢贪小便宜，看到谁有好吃的、好玩的，就急忙凑上去沾点好处。社会上有些不法分子就是抓住一些孩子贪小便宜的特点，经常会购买一些好吃的零食和好玩的玩具来吸引孩子的注意，用花言巧语取得孩子的信任后，就将孩子带走拐卖。孩子缺乏社会经验，判断能力也很弱，很难抵挡摆在眼前的诱惑。若是平时没有养成良好的习惯，喜欢贪小便宜，往往就要吃大亏。

案例

小艾今年六岁，活泼好动的他，最喜欢玩各种各样的玩具枪了，时不时地就会缠着妈妈给他买玩具枪。有一天，小艾的妈妈给

小艾买了一把新的玩具枪，这可把小艾乐坏了，拿着玩具枪就去找他的小伙伴们一起玩。小伙伴们看到小艾有新枪，都很羡慕，围在小艾身边不停地说话，就是为了能够看一看小艾的新枪。就在小艾洋洋得意的时候，已经上五年级的小智走了过来，他也从书包里也拿出一把玩具枪说道："小艾，你那把枪算什么，你看看我的！"小艾看到小智的那把玩具枪，可羡慕坏了，小智这把枪可是最新款的玩具枪，比他手上的这把枪还要好。看到小艾满脸羡慕的样子，小智得意地说道："这可是我爸爸从香港买回来的，不过我已经玩腻了，我用它跟你交换怎么样？"小艾心中一动，见有便宜可占，连忙答应换枪。小智还特意说了一句："换了就不许反悔哦！"小艾连连点头，这种好事，他怎么会反悔。之后小艾和小智就交换了玩具枪。拿到那把新款玩具枪，小艾就开始兴冲冲地摆弄起来，没想到没玩多久，只听见啪嗒一声，从小智那里交换来的玩具枪竟然裂成了两半。这时小艾才知道上了小智的当，哇哇地哭了起来。

小艾正是因为贪图小便宜，结果用一把新买来的玩具枪，换了小智玩坏的"高档"玩具枪，上了当吃了亏。平时父母在教育孩子时，要记得告诉孩子，不要去占小便宜，占小便宜的结果往往是要吃大亏的。若是小艾能够谨记这次贪小便宜吃亏的教训，以后能改掉贪小便宜这个不好的习惯，那么损失一把玩具枪是非常值得的。孩子的父母平时在教育孩子时，一定要注意以下几点：

1. 告诉孩子不是自己的东西不能拿

父母应该教育孩子养成严于律己的习惯，告诉孩子不是自己的东西就不能拿。若是孩子养成随便拿别人东西的习惯，不仅对于孩子的成长十分不利，还可能被不法之徒利用，产生严重的后果。

2. 天下没有免费的午餐

要让孩子知道这个世界上没有免费的午餐，遇到送上门的便宜，头脑一定要保持冷静。

3. 说教不如以身作则

对于孩子的品德教育，说教不如以身作则，孩子的父母就应该从身边的一点一滴做起，自己先做到不贪小便宜，给孩子作一个好榜样。孩子在潜移默化之中，会渐渐地被父母影响，那么贪小便宜的这种习惯也就不会存在了。

教孩子识别陌生人的骗术

现在的社会很复杂，各种各样的骗术让人防不胜防，许多时候就连成年人都会“中招”，更别说那些心智还未发育成熟的孩子了。父母在教育孩子时，一定要教会孩子识别骗局，不要被陌生人的骗术所迷惑。

案例

四岁的兰兰在和妈妈逛庙会时，不慎和妈妈走散了，兰兰左顾右盼就是没有发现妈妈的身影。兰兰站在路边，“哇”的一声哭了出来。这时，忽然有一个陌生的阿姨走到兰兰的身边暖言暖语地安慰兰兰，让兰兰不要哭。在陌生阿姨的安慰下，兰兰渐渐地止住了哭声。这时，这个陌生阿姨又从挎包里拿出了好吃的棒棒糖给兰兰吃，兰兰很想吃，但还是犹豫了一下摇了摇头说道：“妈妈说，不能吃陌生人给的东西，阿姨我不能要。”这个陌生的阿姨又劝了兰兰几句，不过兰兰都很坚决地摇了摇头。又过了几分钟，这个陌生的阿姨又对兰兰说，可能妈妈找不到你了，不如让阿姨带你去找妈妈吧。兰兰的心里早就很想妈妈了，不过兰兰想起了妈妈对她说过的话，她还是摇了摇头说道："妈妈说，如果走丢了，要站在原地等她，哪里也不能去。"陌生的阿姨又哄了兰兰几句，不过兰兰就是雷打不动，站在原地哪里也不去了。又过了一会儿，兰兰的妈妈找到了兰兰，一把将兰兰抱在怀里，满脸都是泪水。至于那个陌生的阿姨，见兰兰的妈妈来了，脸色一变，赶紧窜到人群里面去了。

孩子的社会经验少，没有是非判断能力，要孩子分辨一个人是好人还是坏人，别人说的是真话还是假话是非常困难的。但是，无论什么样的骗术，只要孩子提高警惕性和防范心理，那么就不会给坏人可趁之机：

1. 不要吃陌生人给的零食

一些好吃的零食对小朋友有莫大的吸引力，父母一定要告诉孩子，不能随便吃陌生人给的零食。

2. 不要与陌生人说话

小孩子思想单纯，童言无忌，与陌生人说话时，会透露出许多重要信息，譬如常常一个人去什么地方，最想要什么，爸爸妈妈都是干什么的等等。这很容易让陌生人找到突破口，打破孩子的心理防线，达到他们非法的目的。因此，父母要告诉孩子，不要与陌生人说话。

社交中，让孩子远离迷信

迷信是封建时代遗留下来的糟粕，它会扰乱社会次序，影响社会稳定，还会腐朽人们的思想，阻碍人们对科学的求知欲，甚至还会危及到生命财产安全。孩子的思想单纯，对人和事物缺乏必要的认知，很容易被迷信思想蛊惑，迷信对孩子的身心造成的危害是十分深远的。所以，孩子的父母一定要注意孩子在日常社交过程中，一定要远离封建迷信，避免孩子被封建迷信思想毒害。

案例

小刚今年六岁了，因为小刚的爸爸妈妈平时上班都很忙没有空照顾他，于是，年幼的小刚都是由他的外婆代为照顾。小刚的外婆是农村来的，是一个老迷信，十分畏惧鬼神，每到一些节日，都会开坛祭祀，烧一些黄纸保平安。小刚跟在外婆身边，耳濡目染之下对于鬼神变得也有些畏惧起来，不敢一个人走阴暗的胡同，不敢晚上一个人睡觉。外婆也不以为然，解释说，这是小刚阳火不旺，容易招“鬼”附体的表现，而小刚自己也慢慢开始深信不疑了。有一天，小刚忽然觉得感觉到全身难受，呼吸喘气都很费力，小刚赶忙把情况告诉了外婆，说自己可能被“鬼附体”了。外婆吓了一跳，赶忙带着小刚到“巫婆”王奶奶家去，王奶奶看了看小刚的情况，也立马断定小刚是被“恶鬼缠身”了，画了一碗符水给小刚喝了下去，做了一些法事就打发小刚和他的外婆回家了。回到家中之后，小刚的病情没有好转，反而更加恶化了。情急之下，外婆赶忙打电话给小刚的妈妈，小刚的妈妈赶回来之后，立刻就把小刚送到医院去了。经过医生的之诊断，确定小刚患的是急性肺炎，经过一段时间的治疗，这才让小刚恢复了健康。

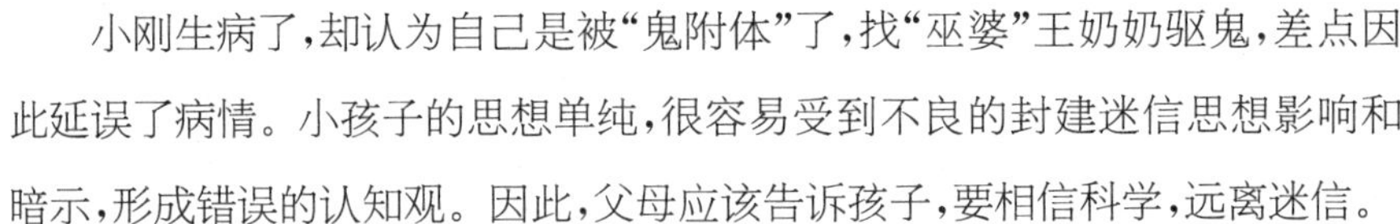

小刚生病了，却认为自己是被“鬼附体”了，找“巫婆”王奶奶驱鬼，差点因此延误了病情。小孩子的思想单纯，很容易受到不良的封建迷信思想影响和暗示，形成错误的认知观。因此，父母应该告诉孩子，要相信科学，远离迷信。

1. 不要带孩子去求神拜佛

不要带孩子去寺庙里烧香拜佛，避免在孩子的内心深处埋下迷信的种子，要告诉孩子在这个世界上没有鬼神，一切现象都可以用科学来解释。

2. 让孩子远离“巫婆神棍”

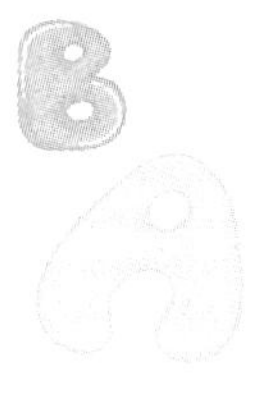

不要让孩子接触那些“巫婆神棍”，这些“巫婆神棍”到处宣扬迷信腐朽的思想，其实本质是为了骗取钱财，孩子若是和这些人接触，很可能就会被他们影响。

3. 家长也要相信科学

要让孩子远离迷信，孩子的父母首先就要相信科学和迷信划清界限。还有就是，年幼的孩子尽量不要交给家中迷信的长辈照看，避免孩子对迷信产生错误的认知。

遇到坏人跟踪怎么办？

孩子的力量弱小，没有反抗能力，许多犯罪分子就把犯罪目光锁定在那些年幼的孩子身上。许多坏人就会悄悄地跟踪孩子，寻找合适的机会下手，对孩子实施犯罪行为。在平时孩子的父母在教育孩子时，就要告诉孩子，遇到坏人跟踪要保持冷静，不要惊慌害怕，尽量往人多的地方走，不要给犯罪分子可趁之机。必要时，可以向路上的叔叔阿姨求助或是寻找机会报警。

案例

由于父母今天加班，再加上学校离家很近，八岁的小利就一个人放学回家了，小利为了能够快点到家，并没有沿着大路回家，而是走了一条悠长的小路，小路很黑，周围很安静，不过素来胆大的小利也不觉得害怕，依然哼着歌蹦蹦跳跳地往家走。小利走在小路上，忽然感觉到背后有一个人，他回头一看，果然有一个中年人跟在身后。小利心想，这个中年人应该也是路过而已，就没有多管他，依然走着自己的路。不过，奇怪的是，小利在小道里拐了两个弯，这个中年男人依然不紧不慢地跟在他的身后。小利觉得有些古怪，赶忙加快了脚步，没想到那个中年人也加快了脚步，依然紧紧地跟在小利的背后。小利这个时候感觉到情况有些不对了，这个中年人好像并不是什么路人，而是专门来跟踪他的。

小利是又紧张又害怕，不过小利依然记得妈妈说过的话，遇到有坏人跟踪要冷静，不要害怕。于是小利深深地吸了一口气，开始冷静地回忆了一下附近的地形，就带着陌生人开始在小道上兜着圈子。小利也渐渐感觉到那个中年人已经离他越来越近了，他的心也怦怦跳得厉害，小利急中生智，忽然高声叫道："爸爸，你怎么在这里？"跟在小利身后的那个中年人明显愣了一下，小利抓准机会开始一边跑一边叫道："救命啊，快来抓坏人啊！"这时中年人才发现上了小利的当，不过前面已经快到大马路了，中年人也不敢往前追了，狠狠地看了小利一眼，跑开了。

正是小利的机警、冷静、勇敢才让他摆脱了坏人的跟踪，脱离了险境。孩子年纪小，自我保护能力弱，往往成为坏人实施犯罪的目标。

1. 不要让孩子单独去人少的地方

父母一定要告诉孩子，没有大人的陪同，一定不要到人少的地方去，也不要为了图方便而走小道。这很容易给坏人创造可乘之机，带来危险。

2. 遇到坏人跟踪时，一定要冷静，不要慌张

如果发现有坏人跟踪，一定要保持冷静，快速到人员聚集的地方去，如果跟踪的坏人还不放弃，就果断寻求路上的叔叔阿姨的帮助，及时报警求助。

怎样在新环境里快速结交新朋友

当孩子到了一个新环境，给孩子带来的并不一定是兴奋和新奇，更多的是对未知环境的不安和惶恐。孩子身边熟悉的环境不见了，昔日的好朋友也没有了，此时孩子往往会感觉到深深的孤独。这时，父母应该教孩子一些交朋友的技巧和方法，帮助孩子更快地融入到新的环境中去。这样不仅有助于孩子心灵健康成长，也可以让孩子的安全得到更多的保障。

案例

真真是一个四岁的小朋友，因为爸爸妈妈工作调动，年纪小小的真真只好跟着爸爸妈妈到了另一个城市。陌生的环境，没有熟悉的朋友，这让真真感觉很孤独。原本活泼好动的真真也变得有些沉闷了，经常孤零零的一个人在社区的沙地里玩沙子。真真的妈妈发现了这个情况，立刻就找真真谈心，并且告诉真真一些交朋友的方法和技巧，聪明的真真很快就记住了。在妈妈的帮助下，真真积极地去接触社区里的其他孩子，很快真真就被社区里别的小朋友接纳了，融入到这个新环境里去了。社区里的那些大孩子，也会主动担负起“大哥哥大姐姐”的职责，负责照顾那些年纪小的小朋友保护他们的安全。有一次真真在玩耍时不小心摔伤了胳膊，那些年纪大的孩子急忙就扶着真真到社区的卫生所里治伤，真真的心感觉到一阵温暖。一段时间之后，交了新朋友的真真和新环境的隔阂渐渐地消失了，他的笑容又重新在脸上绽放了。

真真随着爸爸妈妈到了另一个城市，对身边的一切都感觉到陌生，和新环境格格不入，正是在妈妈的帮助下，结交了新朋友，这才消除了隔阂，融入到了这个新环境里去了。真真交了新朋友，不仅获得了友谊，还得到了其他大孩子的保护，身心都得到了健康的发展。所以孩子的父母一定要教会孩子在新环境里，怎样快速结交到新的朋友。

1. 使孩子融入当地的文化

不同的社区和学校，“文化”也是不尽相同的，孩子们的喜好、穿着、各种搭配的小饰品都可能会有很大的不同。孩子若是融入到当地的文化之中，就会很容易地消除距离感，使孩子更快的被其他孩子接受，结交到新朋友。融入文化的方法有很多，最简单的方法就是孩子的父母问一问邻居同事，这里的孩子最喜欢什么，然后给孩子搭配一两件当地“流行”的东西，让孩子再和别的小朋友交往时，有更多的归属感，消除陌生感。

2. 传授孩子结交新朋友的技巧和方法

孩子掌握结交新朋友的技巧和方法最好的就是让孩子多观摩，然后再实践。孩子的父母可以先在家里和孩子模拟一下结交新朋友的情景，有机会就带孩子上街散散步，让孩子观察父母是怎样和别人接触的。同时也要告诉孩子，最有效的交友手段就是微笑着和别的小朋友说话。

3. 孩子的父母也应该接触孩子的圈子

孩子不仅仅要传授孩子结交新朋友的技巧和方法，同时也要和孩子一起融入到这个新的环境里去。孩子的父母要尽可能多地参与学校和社区里家长举办的聚会，互相交流经验，若是有投缘的家长，还可以带着孩子互访，或者邀请别家的孩子到自己家来学习和玩耍，这样孩子会很快对新环境熟悉起来。

不能去营业性歌舞厅

每当夜幕降临，歌舞厅就开始活跃起来，花花绿绿的霓虹灯让歌舞厅多了几分迷幻和神秘色彩。人们在工作之余，很喜欢到歌舞厅里“K歌”放松一下心情，这本来是很正常的放松手段。不过有些贪玩的父母，不仅自己去歌舞厅，还会带着孩子一起去，这是非常不好的。孩子年纪小，身体十分脆弱，歌舞厅嘈杂、混乱的环境会对孩子的身体造成伤害，而且带孩子到歌舞厅也可能使孩子从小沾染上不好的习惯，养成好逸恶劳的恶习。

案例

小浩是一个活泼可爱的小男孩，六岁的他爱笑爱闹，是家里的“开心果”，经常给家里带来很多欢笑。小浩的妈妈是一个年轻貌美的都市白领，平时上班之余，经常会到附近的歌舞厅坐一坐，放松一下疲惫的身体，有时小浩的爸爸不在家，小浩的妈妈也会带着小浩一起去歌舞厅。小浩到歌舞厅，不仅没有一点儿不适应，反而每次都显得很兴奋，有时候兴致来了，活泼的小浩就会随着音乐载歌载舞起来，引来众人的一阵欢笑。不过一段时间之后，妈妈发现小浩的行为有些反常，不但经常在家里手舞足蹈，在学校里老师也说小浩最近精神不太集中，在课堂上经常会和别的同学讲话，或者自己哼歌。妈妈意识到可能是经常带小浩出入歌舞厅造成的，于是就不再带小浩出入歌舞厅了。开始时小浩很不情愿，经常跟妈妈吵闹要去歌舞厅，不过在妈妈的严词拒绝下，小浩也知道只能作罢了。一段时间之后，小浩的这些习惯总算改正过来了，小浩的妈妈也长舒了一口气。

歌舞厅是个很混乱的地方，不仅会使孩子养成不好的习惯，也会对孩子的身体造成危害。长时间的高分贝噪音会对孩子的神经系统造成伤害，引起头晕恶心，精神不振等症状，会对孩子听觉系统产生破坏。强弱灯光的闪烁会使孩子眼压升高，影响视力。而且在歌舞厅那种人员混杂而又密集的地方，容易传播各种疾病，孩子年纪小，抵抗力弱很容易生病。

1. 父母要以身作则，不要去歌舞厅

其实孩子就是父母的一面镜子，在孩子身上出现的问题，很大程度是都是来自于父母。父母要让孩子远离歌舞厅这些地方，首先就要以身作则，尽量少去这些场合，更不能“带孩子娱乐两不误”，带着孩子出入这些场合。

2. 告诉孩子歌舞厅是不可以去的

父母在平时教育中，应该告诉孩子，歌舞厅是大人休闲娱乐的场所，不是小孩子应该去的地方，并且告诉孩子为什么不能去，去了会有什么危害。不要用命令的口气强制孩子，避免孩子产生逆反心理。

不能去电子游戏厅

电子游戏厅，对于现在的年轻人来说是新的娱乐场所，在游戏厅里，不仅可以玩各种各样内容活泼、形式丰富的游戏，还可以与其他玩家进行互动，深受众多年轻人的喜爱。而且游戏本身具有开发智力，锻炼人的反应能力的功能，适当地进行，是很有好处的。然而，孩子的年纪太小，自控力和自制力都太弱，很容易痴迷在游戏内容之中，而且游戏厅人员复杂，难免会有一些行为不端的坏人，孩子若是被这些人引诱，很可能会误入歧途难以自拔。

案例

七岁的小高是小学一年级的学生，他乖巧听话，深得老师的喜爱。有一天小高跟表哥一起玩，在表哥的提议下，两个人到附近的游戏厅里去玩。第一次进电子游戏厅的小高心跳加速，面红耳赤，小脑袋往东往西，生怕被人发现，不过在表哥的指引下，小高渐渐地消除了初来时的恐惧，渐渐地迷恋上了游戏厅里各种各样的游戏。打这以后，小高经常把爸爸妈妈给他的早餐钱省下来，然后到游戏厅里玩游戏。在游戏厅里，小高认识了许多“好朋友”，这些“好朋友”对小高很好，不仅花钱请小高玩游戏，还很积极地请小高一起吃东西，甚至小高在学校里跟同学发生了矛盾，这群“好朋友”都十分积极地替小高出面，帮他出气殴打同学。渐渐地小高越来越不爱学习了，只要一有机会就会溜出学校，到游戏厅里找这些“好朋友”。忽然有一天，他这群“好朋友”的“大哥”找到了小高，让他回去偷他爸爸妈妈的钱，小高没有犹豫就答应了，二话没说就回到家里，将抽屉里的一万多元现金全部拿了出来交给了这群“好朋友”。

这件事情很快就被小高的爸爸妈妈发现了，在爸爸妈妈的追问下，小高这才说出了这群“好朋友”的存在，小高的爸爸妈妈马上报了警，才将小高的这群“好朋友”给抓住了追回了损失。

小高的年纪太小，没有是非分辨能力，坏人施与小高一些小恩小惠，小高就认为这些人都是自己的“好兄弟”，对这群人言听计从，结果犯了错误。游戏厅是一个公共场合，人员构成十分复杂，有一些坏人隐藏在游戏厅之中专门引诱孩子以达到他们违法犯罪的目的。孩子出入游戏厅，不仅容易被坏人利用，影响学业，还会影响孩子的身体健康，容易引起视力下降、手指腱鞘炎、脊柱弯曲变形等毛病，混乱封闭的环境，缺乏空气流通，还可能使孩子大脑缺氧。所以，孩子的父母一定要教育孩子不能到游戏厅里玩游戏。

1. 限制孩子玩电子游戏的时间

不让孩子去电子游戏厅，并不代表就完全禁止孩子玩游戏，每一天可以让孩子适当玩一些游戏，这样不仅可以开发孩子的智商，还能让孩子“过过瘾”，减少孩子到游戏厅的几率。孩子在玩游戏时，一定要控制游戏的时间和孩子离屏幕的距离，一般来讲，2—3 岁的孩子，每天游戏时间不要超过 15 分钟，4—6 岁不超过 30 分钟，6 岁以上也应该保持在一小时以内。玩游戏时，孩子应该距离屏幕一米以上，防止视力下降，以及受到辐射伤害。

2. 培养孩子的兴趣爱好

许多孩子痴迷游戏一个很大的原因就是在生活中缺乏良好的习惯和广泛的兴趣爱好，在学校里这些孩子得不到同学和老师的承认，回到家里也没有什么能够发泄精力的地方。于是，他们就把精力和时间投入虚幻的游戏世界中，在游戏世界里寻找成功的感觉，久而久之就痴迷游戏，难以自拔。父母在教育孩子不能到游戏厅里玩游戏的同时，也应该培养孩子的兴趣爱好，使孩子的生

活丰富多彩起来。

被坏人绑架了不要慌张

绑架是一种恶性的犯罪行为，孩子身体弱小没有反抗能力，很容易成为坏人的绑架对象。大多数孩子在遭遇这种突发性事件时，会惊慌而不知所措，这些都是正常的反应。父母应该告诉孩子，当确认自己遭到绑架后，不要作无谓的反抗，应该迅速冷静下来，寻找机会逃离魔掌。

案例

七岁的小智在放学回家的路上，穿过一条狭长的胡同时，忽然被几个彪形大汉给堵住了。这几个人迅速控制住了小智的手脚，把小智的眼睛蒙住，封住嘴，小智感觉自己被几个人抬了起来扔到了一辆车子的车厢里。小智害怕极了，陷入了恐惧之中，他极力让自己冷静下来，寻找对策。

不知道过了多久，那辆面包车终于停了下来，等小智重见光明时，发现自己已经在一个工厂里面了。这个工厂破旧不堪，显然已经停产很久了，小智意识到自己已经被这群坏人带到郊区了。在坏人的威逼之下，小智说出了家里的电话号码。

坏人拨通了小智家的电话，让小智妈妈拿50万放在指定位置，否则就要杀掉小智。挂了电话之后，几个坏人就一脚把小智踢到了工厂的角落里，开始围坐在一起嘻嘻哈哈地大吃大喝起来。一段时间之后，小智的心总算平静了许多，他停止了哭泣开始想起来办法。时间过得很快，一晃就到了晚上，坏人们见小智始终很老实没有任何反抗，警惕心理逐渐下降了，他们给小智松绑了，让小智有了一定的活动空间。到了深夜，小智见几个坏人都迷迷糊糊睡着了，只剩下一个人在站岗放哨。小智觉得他的机会来了，就趁机从工厂角落的洞口钻了出去逃跑了。等那个站岗的犯罪分子发现情况，小智才发现自己根本没办法从洞口钻出去。坏人们立刻出动，开始到处搜查小智，坏人们很快就在草丛里找到了小智。他们感觉到把小智留在身边会有危险，一刀就把小智杀死了。

孩子的力量和绑匪比起来实在太弱小了，根本没有反抗的余地。家长应该告诉孩子在遭遇绑架时应该保持冷静，千万不要试图激怒绑匪，也不要想着如何逃跑。因为坏人实施犯罪，肯定会有周密的计划和部署，而坏人所在地必然是经过他们千挑万选的，即便能够逃走，也会很轻易地被坏人抓住。所以当孩子面对绑架应该这样做：

1. 告诉孩子不要作无谓的反抗，避免激怒歹徒，遭受皮肉之苦。若是反抗太过剧烈，坏人在高度紧张和心烦意乱的情况下，很可能会撕票。

2. 告诉孩子在没有万全的把握下，不要试图逃跑。坏人所选择的藏匿地点一般都在偏远的郊区，这些地方人烟罕至，即便逃跑了没有得到及时的救援，反而会把自己陷入更加危险的境地。

3. 让孩子告诉绑匪父母有能力支付他们所期待的赎金，而且他们很爱自己，一定不会报警。这样做可以降低绑匪的警惕心理，让绑匪意识到这个孩子还有“价值”，让孩子暂时处于安全的境地，争取更多的时间等待外界的救援。

4. 孩子被绑架后，一定要及时报警，不要抱着“给了钱孩子就会被放回

来”这种侥幸心理，只有相信警方，孩子才会有一线生机。

不要沾染抽烟喝酒的坏习惯

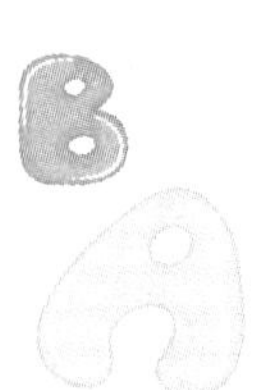

抽烟喝酒对孩子的危害是非常大的，孩子若是沾染烟酒不仅会对他们脆弱的脏器造成难以修复的伤害，影响他们的身体发育，还会给孩子的人格和心理带来极大的负面影响。许多父母有抽烟喝酒的不良嗜好，孩子在身旁也不避讳，依然我行我素，有些父母甚至主动传授孩子抽烟喝酒的“本领”，让天真纯良的孩子在耳读目染之下沾染恶习。

案例

六岁的小毛是一个调皮捣蛋的孩子，他活泼好动，屁股上仿佛长了钉子，在椅子上坐不到三分钟就要起来活动一下，有时站起来扭扭屁股，有时就转过头找同学说话，让幼儿园的肖老师十分头疼。肖老师也专门找小毛谈过话，告诉小毛上课的时候要专心，可是小毛却苦着脸说，他也不想乱动的，可是注意力老是没办法集中。

于是，肖老师决定拜访一下小毛的父母，打算一起想想办法来帮助小毛改掉这个习惯。和小毛的父母约定好时间后，肖老师就来到了小毛的家里，刚进门，肖老师就闻到了一股浓重的烟味，这让肖老师皱起了眉头。和小毛的父母谈话后得知，小毛的爸爸经常当着小毛的面抽烟，甚至对小毛抽烟喝酒的行为纵容，丝毫不顾及小毛的身体健康，妈妈多次和爸爸交涉过，可是都没起到作用。随后，肖老师就批评了小毛爸爸的这种行为，并且告诉小毛父母“喝酒很容易损伤孩子的神经系统”，小毛的注意力无法集中，无法正确地进行学习生活很可能就是因为抽烟喝酒导致的。小毛的父母这才知道，原来小毛抽烟喝酒有这么多害处，赶忙配合老师改掉了小毛的这些坏习惯。果然一段时间之后，小毛上课的时候就老实许多，再也不会找同学说话了。

小毛因为在父母的纵容下抽烟喝酒，导致小毛的神经系统被烟酒中的有害物质损坏，无法集中注意力，影响了正常的学习和生活。在烟酒中含有大量的有毒物质，一支烟所含尼古丁的毒性可以轻易地毒死一只小白鼠，二十支香烟的毒性就可以让一头牛死去，而酒的危害对于孩子来说也不比香烟好多少，孩子身体很弱，饮酒会损坏孩子的神经系统，影响胃肠的消化，也会加重孩子肝肾的压力，长期饮用很有可能会引起病变，严重伤害孩子的身体健康。过早地抽烟喝酒，还可能会使孩子结交一些行为不良的“朋友”，导致行为上的偏差，很容易误入歧途。所以，孩子抽烟喝酒是百害而无一益的，父母必须要严格限制孩子的这种恶习。

1. 让孩子了解烟酒的危害

其实许多孩子都不喜欢烟酒的味道，大多孩子都是因为好奇，还有一部分孩子是为了证明自己已经“长大了”，才模仿成年人抽烟喝酒。父母应该多和孩子沟通，让孩子感觉到父母充分的关注和爱，然后告诉孩子烟酒的危害性，孩子在对烟酒有了充分的了解之后，满足了他们的好奇心和求知欲，一般来说他们就会放弃抽烟喝酒的想法。

2. 父母要做一个好榜样

很多父母都有抽烟喝酒的习惯，就算在家里也不避讳，当着孩子的面很随意地抽烟喝酒，这样不仅教坏了孩子，也让“二手烟”毒害了孩子。为了孩子的身体健康着想，父母要以身作则，在抽烟喝酒时要尽量避开孩子，给孩子一个清新的成长环境。

第6章 网络世界中，让孩子学会自我保护

让孩子正确上网，家长要以身作则

对于现在的家庭来说，电脑已经是非常常见的家用电器了，上网冲浪、玩玩微博、和远在异地的朋友视频聊天都是些稀疏平常的事儿。孩子对于任何事物都有着强烈的好奇心，对于电脑也不例外，他们也渴望轻点鼠标，敲击键盘当个小小的“E族”。要让孩子学会正确地上网，不仅要教会孩子电脑的基本操作，孩子的父母们还要以身作则，给孩子做一个好榜样，培养孩子良好的上网习惯。

案例

小梓是一个七岁的小女孩，小小年纪的她已经是网络世界里的一个小公民了，在爸爸妈妈的教导下，小梓开始了她的网上旅行。小梓的爸爸妈妈首先教导小梓怎样开机和关机，又教导小梓如何浏览网页，玩一些简单的益智游戏，看图文并茂的电子书。小梓在上网的过程中，学习到了很多有用的知识，在学校里好多小朋友都说小梓是一个"小博士"。小梓的爸爸妈妈不仅教小梓许多网络知识，还言传身教，用实际行动来教小梓正确的上网习惯，聪明的小梓很快就学会了，知道在上网时，不能离显示器太近，不可以长时间坐在电脑前，坐姿要端正。现在就算爸爸妈妈不在身边，小梓也会正确、合理地使用电脑了。

正是小梓的父母良好的教育，小梓才能养成良好的上网习惯，让网络成为她的良师益友。想要孩子正确地使用电脑，父母的指导是少不了的。例如，开机关机、打字、浏览网页、翻看电子书、下载图片这些基本的操作都需要孩子的父母一步一步教给孩子。很多父母都主观地认为现在的孩子很聪明，只要让他们用电脑，自然而然就会知道如何使用电脑了。其实这是不对的，如果孩子上网没有受到大人正确的引导，电脑很可能就沦落为孩子的玩具，从而丧失其基本的学习功能。

1. 要控制孩子的上网时间

一般来说，三岁之前的孩子是不需要上网的，他们更需要的是需要认知世界，三岁之后就可以慢慢地接触网络了，时间最好要控制在 30 分钟以内，随着孩子年龄的增大，时间可以相对延长。

2. 孩子上网时，需要有父母陪同

孩子上网时，父母在身边陪同不仅可以监督孩子正确地使用电脑，还可以在孩子上网遇到困难时给予帮助。那些不常用电脑的父母，也应该进行自我

学习，和孩子共同进步。

3. 父母要以身作则，让孩子养成良好的上网习惯

孩子上网坐姿不正确或是距离电脑太近，很容易对孩子的身体造成伤害。其实孩子很多不良习惯都是“遗传”父母的，父母怎么做，他们也就照做了。所以，父母教育孩子养成良好的上网习惯的同时，也要以身作则，给孩子当一个好榜样。

为什么现在的孩子爱玩电脑游戏？

现在都市里的孩子尤为喜欢上网，有些孩子一回到家里，放下书包就会打开电脑，开始玩游戏。父母看到孩子的这种表现，大多都会眉头一皱，将孩子训斥一番，有些孩子会依依不舍地离开电脑，还有一些孩子则会对父母的训斥不闻不问，更有一些比较逆反的孩子还会跟父母顶撞起来。其实，作为父母在训斥孩子无节制地上网时，应该先要明白，为什么现在的孩子都喜欢上网。

案例

小飞是一个七岁的小男孩，他有些内向，十分安静，无论是在学校还是在家里都不太爱说话。在老师的眼中，小飞是一个比较独特且不怎么合群的孩子，而在同学的眼中，小飞就是一个不说话的“闷葫芦”，班级里其他小朋友都不太愿意跟小飞一起玩。在家时，小飞的爸爸妈妈工作很忙，经常要加班，也无暇顾及小飞，小飞做完作业后，就会打开电脑，看一看爸爸妈妈为他下载的动画片。

有一天，小飞在电脑桌面上看到一个漂亮的图标，他感觉很有趣，就点开了图标，电脑上就跳出了一个网页。原来这是一个网络游戏，他出于好奇就开始按照游戏的提示玩了起来。网络游戏里丰富多彩的内容一下就把小飞吸引住了，渐渐地他就沉迷在游戏之中了。打这以后，每天放学之后，第一件事情就是打开电脑玩网络游戏。

小飞是一个内向型的孩子，他外表沉闷，内心却敏感丰富，平时不善交流表达的他，在学校里交不到朋友。回到家后，父母忙于工作疏于对小飞的关心，也没有教给小飞一些交朋友的基本技巧，以至于小飞只能玩电脑解闷。现在都市的孩子爱上网，原因是多方面的，除了网络本身的吸引力外，孩子所处的环境也是一个很重要的原因。

1. 没有人陪伴，靠网络排解寂寞

现在的孩子大多都是独子，很多时候一个人在家没有其他小朋友陪伴，这时会感觉到空虚寂寞。这种情况下，就有许多孩子会玩电脑解闷。所以，父母应该多多陪伴孩子，给他足够的关怀，并且鼓励他多和其他小朋友交朋友。孩子的朋友多了，情感得到了宣泄，就不容易沉迷在游戏世界。

2. 电脑游戏对孩子有很大的吸引力

现在的游戏内容丰富，色彩绚丽，孩子很容易被这些丰富多彩的网络游戏吸引。孩子的年龄尚小，对自己的行为没有自控能力，陷入电脑游戏之中就很难摆脱。所以，父母在平时应该要帮助孩子控制游戏时间。

与孩子进行心灵对话

现在有很多孩子在学校里活泼开朗，无论是和老师还是同学，总会有聊不

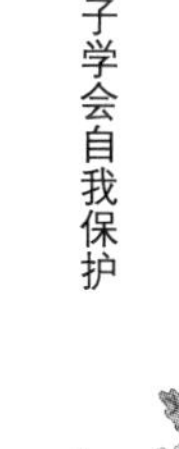

完的话题，但是一回到家中，就仿佛变了一个人似的，沉默寡言，很少和父母说自己的事，更有一些孩子见到父母就如同见到仇人一样。这不禁让人感觉有些奇怪，父母是这个世界上最爱孩子的人，为什么无尽的爱却得不到孩子的理解呢？其实，这是因为现在许多父母不知道如何与孩子进行心灵的对话。

案例

七岁的小强是一个倔脾气的孩子，经常和爸爸妈妈发生冲突，平时没少挨爸爸妈妈的揍。有一天小强在房间里上网玩游戏，这个时候小强的爸爸推门进来让小强去吃饭。因为正玩到一个关键的“任务”，小强就跟他爸爸说，过几分钟就去吃饭。小强的爸爸看到小强玩游戏心里就已经很不舒服了，没想到小强竟然还敢让他等几分钟，小强爸爸的火气“腾”的一下上来了。他快步走了过去，直接把电脑的电源给拔了。小强见马上就要做完的“任务”泡汤了，顿时就跟他爸爸急了：“爸爸，你怎么这样，马上就好了的，现在全完了。”小强的爸爸二话不说就把小强拎到饭桌上。小强的妈妈见到小强满脸不高兴，就问小强的爸爸怎么回事儿。小强的爸爸“哼”了一声，就跟小强妈妈告状说小强玩游戏，饭都不想吃了。小强感觉自己很冤枉，连忙辩解。不过小强的妈妈显然是听爸爸的，也恨铁不成钢地对小强说道：“小强，你都这么大了，怎么还这么不听话呢？天天就知道上网，早晚有一天就跟电视上演的那样，上网上成一个神经病了，以后不可以再上网了。”小强十分生气地站了起来大声说道：“没错，我就是神经病。”然后快步地跑到房间里去，把门反锁了。小强的爸爸妈妈互相对视一眼说道：“小强这孩子，这么不听话，以后可没法管了。”

小强和他爸爸妈妈的矛盾，很大程度上是因为小强的爸爸妈妈不理解小强，缺乏和小强的沟通能力。小强做了错事，总是对小强非打即骂，却没有进行正确地引导和教育，使得小强心中有极强的逆反心理，导致小强借助游戏来发泄心中的不满。在教育孩子时，一定要掌握正确的沟通技巧，和孩子进行心灵的沟通。

1. 父母可以参与到孩子喜欢的活动中去

在平时，父母可以尝试参与到孩子喜欢的活动中去，例如，孩子喜欢玩网络游戏，孩子的父母先不急于否定孩子的行为，可以先和孩子一起参与到游戏中去取得孩子的信任，这样才能和孩子建立良好的沟通关系。孩子在和父母互动的过程中也可以感觉到父母对他的爱，从而产生安全感。

2. 父母不可以把孩子当成"出气筒"

父母不可以对孩子乱发脾气，即使生气了，也应该告诉孩子生气的原因，然后和孩子进行沟通，说出自己的期望和内心想法，以求孩子达成共识。作为父母更不可以把孩子当成"出气筒"，胡乱"找茬"。

3. 父母要用爱和孩子沟通

父母在和孩子交流时，要充满爱心。当孩子有问题请教时，要有耐心，不能有厌烦情绪，只有这样孩子才会乐于和父母沟通，说出真心话。

"请教"孩子一些电脑问题

和孩子沟通是一门学问，是要花不少心思的，在教孩子一些网络知识时，不妨放低一些姿态，用"请教"的方式来巩固孩子所学的知识。可以让孩子"教"你开机关机、玩简单的游戏、识别键盘上 26 个英文字母等等，等孩子遇到不会的问题时，再从

旁指点。这样不仅可以让孩子很快地记住所学的知识，还能养成孩子独立思考的能力。

案例

八岁的明明家买新电脑了，在爸爸妈妈的指导下，明明学会了开机关机、玩简单的电脑游戏、也认识了键盘上的26个英文字母，电脑里丰富多彩的内容让明明眼花缭乱，爱不释手。为了防止明明痴迷电脑，明明的爸爸妈妈规定明明每一天只能玩一个小时。这一个小时的时间，明明总是格外珍惜，生怕错过了一分一秒。不过明明在玩电脑时却总是会遭到“骚扰”，原来明明有一个“笨爸爸”，总会来问明明许多电脑方面的问题，让明明来教他。看到爸爸这么“可怜”，明明就只好浪费自己宝贵的一个小时来帮助爸爸，在帮助爸爸的同时，明明感觉到自己的电脑水平越来越高了。

许多父母抱怨孩子上网只顾着玩游戏，却从来不用电脑学习。其实这有些冤枉孩子了，许多父母买来电脑之后，只是单纯地规定孩子每一天能上多长时间的网，却从来不教孩子如何使用电脑，孩子除了能把电脑当游戏机，也不知道如何用电脑来学习。在教孩子使用电脑时，若是一味地说教，孩子很容易就会感觉乏味，丧失学习动力。而明明的“笨爸爸”就十分聪明，他假装什么都不会，用一种“学生”的姿态去请教明明，循序渐进地提出了许多电脑问题，引导明明自己去探索答案，实现自我学习，久而久之，明明就养成了良好的上网习惯，并且也学习到了许多电脑知识。

1. 向孩子“请教”电脑问题不要不好意思

有许多父母觉得向孩子“请教”网络问题会失去面子，怕孩子小瞧自己，以后管不住孩子。这种担心完全是多余的，积极地向孩子“请教”电脑问题，不仅可以让孩子更快地掌握网络知识，还可以促进亲子之间的交流，让父母和孩子之间的关系更加亲密。

2. 向孩子“请教”的要点

父母向孩子“请教”是一门艺术，问的问题既不可以太难也不能太容易。若是问太难的问题，孩子解答不了，挫伤孩子自我学习的积极性；若是太容易，孩子不用思考都能作答，也起不到促进孩子学习网络知识的作用。

3. 父母要加强对电脑知识的学习

若是父母对网络知识都是一知半解，那更不用说如何去教孩子了，所以，网络知识较少的父母，一定要加强这方面的学习，和自己的孩子共同进步。

这些孩子最容易染上“网瘾”

网络已经悄然走进了千家万户，在享受网络带给我们便捷的同时，也给我们生活带来了许多麻烦。尤其是学龄前的孩子，他们心智发育不成熟，自控力弱，网络的花花世界对他们有莫大的吸引力，有不少孩子受不了网络带来的诱惑都得了“网瘾”。“网瘾”和别的病一样，也有易感人群，孩子的父母要了解一下，什么类型的孩子最容易染上“网瘾”。

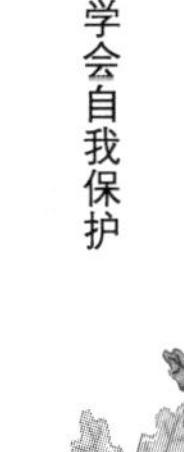

案例

七岁的小云是小学一年级的学生，刚刚转学来的小云在学校里没有朋友，经常都孤零零的一个人，十分孤独。小云是个农村的孩子，没有上过幼儿园，直接就上了小学一年级，因为底子差，在班级里的成绩不是很理想，老师对他的态度也是不闻不问，毫不理会。有时候小云向老师请教学习上的问题，老师也会不耐烦。渐渐地，小云就失去了学习的兴趣，开始自暴自弃了。有一次在同班同学的怂恿下，到学校附近的“黑网吧”里上网，电脑里精彩纷呈的网络世界、华丽炫美的游戏深深地吸引了小云的心，从此小云就迷恋上了网络游戏。没过多久，小云就把他吃饭省下来的一些零用钱花光了，但是小云还是很想玩游戏，就只能哀求“黑网吧”的老板，向他赊账，最后小云欠的钱越来越多，老板怕小云还不起，也就不同意小云继续赊账了。小云没有办法只好跑回家，从他爸爸的皮夹里拿了好几百元，又继续跑到网吧里上网了，慢慢地，小云越陷越深，成绩也越来越差，甚至到后来都不去上学了。小云的爸爸妈妈没有办法，只好带着小云去看心理医生了。

小云会深陷网络，一方面是因为网络本身对于小云的吸引力太大了，更大的原因则是小云刚刚转学，学校里没有要好的朋友时常感觉到寂寞，而且因为学习的底子不好，学习成绩跟不上其他同学，于是借助网络来逃避现实，摆脱压力，这才造成小云难以自拔的局面。在现实中，有这样一些孩子，最容易染上“网瘾”。

1. 单亲家庭孩子

有许多网络成瘾的孩子都是单亲家庭的孩子，这类孩子由于缺乏父母的关爱，没有安全感，很容易陷入网络世界，用网络来麻痹自己，逃避现实。

2. 交际圈子窄的孩子

有些父母对于孩子的管理十分严格，甚至对于孩子交友都有诸多限制，这导致孩子交际圈子过窄，只好沉迷于网络寻找友情。

3. 生活中受到挫败的孩子

在生活中，那些成绩不好、被同学嘲笑、被老师家长责骂的孩子很容易染上“网瘾”。这类孩子在现实中连连受挫，感觉到生活无趣，有强烈的挫败感，他们为了平息心中的这种压抑，只好在网络世界中寻找成功。

4. 和父母关系紧张，家庭不和睦的孩子

有些父母经常当着孩子的面争吵，造成家庭氛围紧张，孩子为了摆脱这种氛围，有时就会选择在网络世界里“避难”。还有些孩子，在家里经常被父母责骂，缺乏和父母必要的沟通，他们觉得这个世界上没有人会理解他们，于是这些孩子就将自己“封闭”在网络世界里，从而染上“网瘾”。

不要带孩子去网吧

网吧是一个人员密集的公共场所，空气流通很差，孩子抵抗力弱，带孩子到网吧，孩子很可能会因为空气流通不畅而出现头昏、恶心等症状，还有可能被病菌传染影响身体健康。再者，在网吧里上网的人素质参差不齐，孩子年纪小，缺乏基本辨别是非的能力，在这样混乱的环境里，难免也会对他产生不好的影响。所以，为了孩子的身心健康，千万不要带孩子到网吧上网。

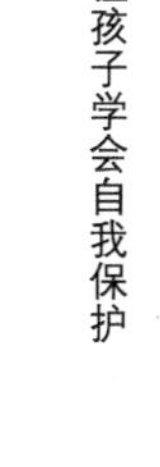

案例

八岁的小顺跟着叔叔到网吧里玩耍，小顺的叔叔给小顺开了电脑，让小顺自己玩，而小顺的叔叔迫不及待地就开始玩起了网络游戏。今天网吧的空调坏了，显得很闷热，没过多久小顺全身上下就湿透了，而且更糟糕的是，小顺感觉自己有点儿头晕，胃里翻江倒海一阵恶心想吐。本来小顺想马上回家的，不过小顺的叔叔玩得正起劲，就很不耐烦地让小顺再等一等，并且威胁小顺，如果他不听话，以后就再也不带他来网吧玩了。小顺没有办法就强忍着浑身的难受，继续玩起了游戏。又过了半个多小时，小顺忽然感觉到眼前一黑，一头扎在了电脑显示器上。叔叔见到这种情况，赶紧拨打了“120”求救，在医生的治疗下，小顺这才醒了过来。询问医生才知道，原来小顺因为温度过高休克了。

网吧的环境很差，温度过高、空气流通性很差。小顺在身体不适的情况下，依然还在网吧这样闷热嘈杂的环境里，这才导致他中暑休克。孩子在网吧里上网，不仅对孩子的健康不利，还可能在耳濡目染之下，沾染上许多不好的习惯。所以，父母一定不要带孩子到网吧玩耍。

1. 严禁孩子到“黑网吧”上网

孩子年龄还小，如果没有大人的陪同，一般情况下不能到这样的网吧里上网。但是在居民楼之中，却有一些“黑网吧”的存在，这些地方可能成为孩子的栖身之所。他们没有正规的营业执照，也没有相关部门的有效监管，只要给得起钱，无论年龄大小都可以上网。这样的网吧不仅存在极大的安全隐患，孩子在这样的环境里也很容易结交一些行为不良的朋友，染上许多不好的习惯。所以，父母一定要注意，严禁孩子到“黑网吧”里上网。

2. 教孩子正确看待网络

在对待网络的问题上，父母一方面要控制孩子上网的时间和上网内容，另一方面也要给孩子灌输正确的网络知识，不要把网络“妖魔化”，避免孩子对网络产生偏见。

面对电脑，教孩子学会“克制”

丰富多彩的网络世界对于初识世界的孩子们来说具有莫大的吸引力，孩子们接触网络之后，就欲罢不能，被网络里各种各样的游戏所吸引，许多孩子还因此沉迷于网络，荒废了学业，让人十分惋惜。当面对网络的诱惑时，孩子的父母应该教孩子学会“克制”。

案例

七岁的瑶瑶特别喜欢在电脑上玩“偷菜”游戏，经常趁着爸爸妈妈不注意就打开电脑玩“偷菜”，被爸爸妈妈批评了好几次，瑶瑶还是控制不了自己。瑶瑶的爸爸妈妈想尽各种办法，想改掉瑶瑶这个习惯，可是都没起到什么效果。若是把电脑用密码锁起来，瑶瑶就会拿着零用钱到楼下的网吧里去“偷菜”，爸爸妈妈怕瑶瑶到处乱跑发生危险，也就不敢锁电脑了。但是让瑶瑶这么下去也不是办法，于是瑶瑶的爸爸妈妈就找到了心理老师，让心理老师帮忙想办法解决。心理老师了解情况后，就给遥遥的爸爸妈妈支了个招，瑶瑶的爸爸妈妈照做之后，果然改掉了瑶瑶的坏毛病。

原来，心理老师告诉瑶瑶的爸爸妈妈，每当瑶瑶想要玩“偷菜”时，就一定要让她做一件家务，做完家务后，才能让她玩一次。开始的时候，瑶瑶的热情依然很高，不过一段时间之后，瑶瑶渐渐地觉得麻烦了，慢慢也就学会了“克制”自己玩“偷菜”的欲望，玩的次数也就越来越少了。

孩子年纪小，自控能力不强，贪玩好动，容易被网络吸引是很正常的，孩子的父母们也不用太过焦急，只要掌握正确的方法，对孩子进行引导，让孩子改掉不良的上网习惯，学会有节制地上网并不是一件难事。

1. 给孩子上网制造“障碍”

有些孩子性格比较倔，若是父母用强制的手段阻止他们上网，往往会起到反效果。这个时候就应该换一种方法来“矫正”孩子的行为。每当孩子上网时，就可以给他找点事情做，等他做完了再让他玩。

2. 在电脑上安装限制软件

在电脑上安装限制软件可以有效地防止孩子登入不良网站，被不良信息毒害，也可以控制孩子每次上网的时间，让孩子养成良好的上网习惯。

3. 多和孩子进行交流，培养孩子的自控力

平时应该经常和孩子交流，了解他心中所想，给他足够的关爱，让他在生活中就养成严于律己的习惯，比如，看完的书要及时放回书架，不可以乱丢文具，饭前便后要洗手等等。这些虽然都是小事，但对培养孩子的自控能力都是十分有必要的。

让孩子远离不健康的电脑游戏

电脑游戏并不是人们想象中的“毒蛇猛兽”，适当地玩电脑游戏，不仅可以缓解压力、消除不良情绪，有一些电脑游戏还可以锻炼脑力，增长知识，提高反应力。不过也有一些电脑游戏，其中大量添加血腥暴力内容，以达到吸引眼球的目的，孩子如果接触了这样的网络游戏，百害而无一益，一定要让自己的孩子远离不健康的电脑游戏。

案例

为了让八岁的小勇从小就学习电脑知识，爸爸妈妈就给家里添置了一台二手电脑。小勇用电脑练习打字时，忽然发现在一个文件夹里发现一个小图标。他就双击了图标，这时电脑的画面一黑，他竟然无意中进入到一个游戏里去了。这个游戏是一个血腥暴力为主题的游戏，里面充斥着大量的打架、斗殴、抢夺的场景。小勇控制着手中的人物把路边的车都砸了，让他感觉到十分痛快。有一天，爸爸带小勇排队买东西，忽然有个人想要插队，小勇的爸爸就和那个想要插队的人起了争执。这时，小勇忽然拉着爸爸的手说道："爸爸，他插队不是好人，我们把他给杀掉吧。"这可让爸爸目瞪口呆起来。回到家后，爸爸就跟小勇进行了沟通，才了解到，原来小勇的这些想法都是源于电脑里的那个游戏。爸爸赶忙打开电脑，仔细地整理了一遍，将电脑里不健康的内容全部删除了。

小勇年纪小，没有很好的判断能力，玩了暴力游戏后，分不清现实和虚幻，把现实世界的人都当成是虚拟世界的人物，这才"童言无忌"，说出要杀人的话。暴力网游会扭曲孩子的人生观、价值观、世界观，使他们的心灵受到污染。孩子在玩网络游戏时，父母一定要进行监督，不能让孩子接触那些充满血腥暴力的游戏，可以适度地让孩子玩一些益智类的网络游戏。

1. 父母可以和孩子一起玩网络游戏

父母可以尝试和孩子一起玩同一款网络游戏，不仅可以起到监督孩子的作用，还能和孩子进行互动，拉近亲子之间的距离，使父母和孩子更加亲密。

2. 不要让孩子玩那些不健康的电脑游戏

学龄前孩子一般不会主动寻找那些不健康的电脑游戏。孩子会玩这类游戏，很多情况是父母玩了这类游戏之后，没有收好，被孩子无意接触到而造成的。所以，杜绝孩子玩不健康的电脑游戏最好的办法就是父母以身作则。

警惕那些“弹出窗口”

在浏览网页时，可能都会有这样的经历，经常都会遭遇一些“弹出窗口”，这类的弹出窗口里往往都会带有暧昧、淫秽的信息。孩子正处在一个懵懵懂懂的年纪，对性充满了好奇，当孩子无意接触到这些淫秽信息时，很可能就会被这些不良信息引诱，导致孩子心灵受到腐蚀，思想变得不纯洁。因此，孩子平时在上网时，一定要让他们远离“电子黄毒”。

案例

六岁的小毅有一天独自一个人在家上网，在玩游戏时，忽然跳出一张一对男女裸体抱在一起的图片，在图片的下面还附带一个网址，小毅十分好奇，就点开了那个网址，许多不堪入目的淫秽图片瞬间就占满了整个屏幕。好奇的小毅不但不觉得害怕，反而十分好奇，一张又一张地浏览着色情网页。第二天，小毅和往常一样到学校里上课，看到穿着花花裙子的小圆时，心中忽然一动，就偷偷地去掀小圆的裙子。小圆“哇”的哭了起来，就跑到办公室向老师告状。小毅的老师在批评小毅后，就打电话给小毅的爸爸妈妈，跟他们讲了小毅的反常举动。小毅回到了家，小毅的爸爸妈妈和小毅沟通后，才知道原来是小毅不小心浏览了色情网站造成的。小毅的爸爸赶忙打开电脑，查杀了病毒，将网站屏蔽了，并对小毅进行了教育。

现在网络的色情信息十分泛滥，孩子在上网冲浪的过程中，难免会受到“电子黄毒”的骚扰。孩子正是处在一个对性懵懵懂懂的年纪，生理、心理都十分不成熟，人生观、价值观、世界观都没有建立。这个时候若是接触到那些不堪入目的视频、图片和文字，很容易玷污孩子纯洁的心灵，导致手淫、偷窥、展示自己性器官等这些不良行为的发生，这不但不利于孩子的健康成长，还会导致孩子对性产生错误的理解，随着年龄的不断增长，很可能会导致孩子性犯罪。所以，孩子的父母要时刻惊醒“电子黄毒”的危害，千万要让自己的孩子远离。

1. 经常查看上网记录

孩子的父母要经常检查上网记录，一则可以及时清理那些会对孩子心理产生危害的“弹出窗口”，二则可以监督孩子规范上网，防止不良网站的侵蚀。父母一旦发现孩子登入不良网站浏览淫秽色情内容，不要打骂，应该和孩子讲道理，分析利弊，让孩子自己意识到色情网站的危害，自觉和“电子黄毒”保持距离。

2. 给孩子提供健康的性教育

孩子对性充满了好奇，如果父母避而不谈，孩子的好奇心得不到满足，很可能会主动寻找这些内容浏览。所以，孩子的父母应该主动与孩子探讨性的问题，告诉孩子他们什么是应该做的，什么是不应该做的，让孩子从小就有一个正确的性观念。

第7章 女孩要比男孩更懂得自我保护

让女儿知道“你的身体和男孩的不一样”

0—2 岁的女孩对性别是没有认知的，大约在 3 岁左右女孩就会开始认识到自己是一个女孩，渐渐开始喜欢和同性别孩子玩耍，从而和男孩区分开来。在这个过程中，父母要强化女孩“男孩是男孩，女孩是女孩”的概念，让女孩知

道自己的身体和男孩是不同的，逐步建立女孩的性别意识。

案例

六岁的圆圆是一个粉雕玉琢的小女孩，有一天，她和别的孩子在社区的公园里玩耍，不知因为什么圆圆就和其中的一个小男孩发生了口角。圆圆的年纪比那个小男孩更小，不过她的语言能力更好些，那个小男孩很快就被圆圆说得无言以对了。小男孩气得团团转，忽然他灵光一闪，走到圆圆面前，把裤子脱了下来，洋洋得意地说道："你有什么了不起的，我有小弟弟，你就没有。"圆圆马上懵了，她心中咯噔一下冒出了一个念头，自己的身体和别的小朋友不一样，那肯定是生病了。想到这里，圆圆也没心思玩耍了，匆匆跑回家找妈妈，告诉妈妈她生病了，马上就要死掉了，说着说着圆圆就哇哇地哭了起来。这可把圆圆的妈妈吓了一跳，赶紧问圆圆发生了什么事，圆圆就把刚才的事，一五一十地跟妈妈说了。妈妈听后笑了起来，摸着圆圆的头安抚她。圆圆的妈妈这才意识到，圆圆长大了，应该要让圆圆知道自己的身体和男孩不同了。于是圆圆的妈妈放下手中的活，把圆圆带到沙发上，跟圆圆上了一堂性别课。

圆圆的年纪很小，对性别没有认知，不知道女孩和男孩的身体是不一样的，所以才会闹出这样一出笑话。因为女孩比男孩更脆弱，更容易遭受到性的伤害，所以女孩的父母应该更早让女孩意识到自己的性别，以便使她们养成良好的自我保护的习惯。女孩的父母可以根据以下几点来强化女孩的性别意识。

1. 多让女孩穿裙子

裙子可以让女孩培养女性特殊的审美，让女孩意识到她和男孩子的不同，更早建立起"性别"的概念。

2. 女孩多和妈妈一起洗澡

不要让女孩和爸爸一起洗澡，要让女孩多和妈妈洗澡，这样可以更早地让女孩意识到自己的身体和男孩不同，知道自己的身体和妈妈一样，和爸爸不一样。

3. 让女孩知道自己和男孩有哪些不同

女孩的父母应该告诉女孩，她们的身体和男孩的不一样，让她们尽早地建立起“男女有别”的概念，这样女孩才会有意识地保护自己的身体，免受侵害。

即使是熟人也不能跟他玩“绑架游戏”

孩子和成年人做游戏的过程中，不仅能够锻炼协调和应变能力，还可以促进孩子的脑部发育启迪思想让孩子变得更聪明。不过，在和成年人游戏的过程中，一定要提醒女孩，不可以和别人玩“绑架游戏”，即便提出要求的是熟人，那也绝不可以答应。

案例

王某是村里的一个老光棍，平时在村子里手脚就“不老实”。有一天婷婷的父母不在家，婷婷一个人在家写作业，这时王某见机会来了，就赶忙到婷婷的家里去。王某说找婷婷的爸爸妈妈有事情，要在家里等他们，婷婷不怀疑他说的话，就让王某进了家门。进门之后，王某就说要和婷婷玩游戏，有些贪玩的婷婷想也没想就答应了王某。王某提出要和婷婷玩绑架游戏，婷婷心里有些犹豫，不过觉得王某是隔壁邻居彼此很熟悉，就点头同意了。王某就带着婷婷到了一个破旧的房屋内，拿出事先准备好的皮绳和胶带，把婷婷捆得严严实实的，并用胶带封住了婷婷的嘴，然后就在婷婷的全身上下抚摸着。婷婷这才意识到情况有些不对劲，可是她小小的身体早已经被捆成了粽子似的，嘴也被王某封了起来也没办法呼救，便只好扭动身躯拼命挣扎，默默地流着泪。王某越玩越带劲，就脱了婷婷的裤子，对婷婷进行猥亵，婷婷只好默默地承受着屈辱。过了一阵子之后，王某给婷婷松绑了，接着王某威胁婷婷说道："你要是敢随便乱说话，我就杀掉你的全家。"婷婷十分害怕，只好点头答应王某的要求。从此之后，婷婷再也不敢一个人呆在家里了，只要受到一点点惊吓，就会哭个不停，婷婷的爸爸妈妈感觉到莫名其妙，但也找不出婷婷变得如此胆小的原因。

婷婷涉世未深，并不知道"绑架游戏"是十分危险的，一旦被坏人带到人烟罕至的地方，又被控制了手脚，那么只能任凭坏人施为，不能作出任何反抗。女孩身心都十分脆弱，在坏人的蹂躏下不仅身体很容易受到伤害，心灵的创伤也是极为严重的，并且，心灵的伤害有时候要比肉体的伤害更加严重，这些都会给女孩一辈子带来阴影。所以，父母一定要告诉女儿，千万不要和任何人玩"绑架游戏"。

还要提醒女孩的是，当有人在玩游戏期间提出以下的要求时，就要引起注意，不能轻易答应，而且事后一定要告诉父母，让父母有所警惕。

1. 要求女孩到人少的地方玩游戏

在人多的地方或者是很容易被人发现的地方，坏人就很难伸出他罪恶的魔爪，这时坏人很可能提出带孩子到静僻处，玩一些不能让别人发现的"游戏"。当有人提出这种要求时，一定要让孩子有所警觉，千万不可以答应。

2. 玩游戏时不能乱动和说话

有些坏人就会以玩“绑架游戏”为幌子，要求孩子遵守游戏规则，不能乱动和说话，然后借机对女孩实施爱抚、猥亵等行为。父母平时一定要跟女儿提个醒，对让她感觉到不舒服的“游戏规则”要坚决拒绝。

教女儿识别游戏和骚扰

孩子天性活泼好动，老鹰抓小鸡、跑跑抓、跳橡皮筋、捉迷藏都是孩子们喜爱的游戏，如果有成年人跟他们一起玩，他们会觉得被肯定了，更是高兴得不得了。不过，有些变态正是利用了孩子的这个特点，打着和孩子“玩游戏”的幌子，趁机对女孩动手动脚，进行肢体接触，以满足他们的变态心理。这些人往往是女孩所熟悉的人，年幼无知的孩子很难对他们产生防范心理，而且有些骚扰具有很强的隐蔽性，一般情况下难以察觉。所以，父母在教育女儿时，要告诉她游戏和骚扰的区别。

案例

六岁的甜甜是一个漂亮的小女孩，干干净净的她就如同一个可爱的洋娃娃，邻居和小朋友们都很喜欢她。甜甜生性活泼善于交际，性格和一个小男孩似的，只要有人愿意跟她一起玩，她就会很高兴。一天下午，和往常一样，甜甜蹦蹦跳跳地跑到小区的公园里找豆豆和洋洋玩耍，就在三个小女孩玩得正高兴的时候，同一个小区的张某走了过来，和甜甜她们说，愿意和她们一起玩游戏，三个小女孩都点头同意让张某加入。在张某的倡议下，四个人开始玩“警察抓小偷”的游戏，张某在当警察时，每当抓到一个小女孩，都要上下其手，在女孩的身上肆意抚摸一番，并且告诉女孩们，警察抓到小偷了，就要对小偷进行“搜身”，女孩们没有怀疑乖乖地遵守了游戏规则。渐渐地张某的尺度越来越大，竟然还要将手伸进了甜甜的衣服里面进行“搜查”。就在张某要得手的时候，恰好被路过的甜甜妈妈喝止了，张某见事情败露，赶忙撒腿就跑。

孩子的年纪小，分不清玩游戏和骚扰的区别，在和成年人玩游戏时，一些成年人就编造出各种各样的“游戏规则”对年幼无知的孩子实行“骚扰”。这种行为很可能会导致女孩的心理受到创伤，以至于影响到女孩的一生。所以，父母在教育孩子时，要教会女儿区分游戏和骚扰的界限。一般来说，正常的游戏不会有过多的身体接触，即使有接触也是短暂的接触。若是有成年人在和女孩玩游戏时，长时间和女孩有肢体接触，就一定要让女孩警觉起来，和这种人保持距离。

会借游戏对女孩进行骚扰的人，往往都是周边的一些“熟人”，这些人往往是一些行为古怪、离异、没有稳定工作的人，这类人长期得不到社会的肯定，内心自卑阴暗，便会产生从小女孩的身体满足欲望的念头。所以，平时父母也应该要告诉孩子，在玩游戏时，要远离这种“高危人群”。

去厕所的时候要结伴而行

女孩应该比男孩更加注重安全，上公共厕所时最好要和别的女孩结伴而

行。有资料显示，厕所是发生女童猥亵案的高发区，有许多心理变态的人喜欢隐藏在女厕所里伺机暴起猥亵女童。

案例

小玉是一个一年级的小女孩，一天，她高高兴兴地和爸爸妈妈逛街，走在大街上，小玉忽然感觉到有些尿急，就告诉了爸爸妈妈。小玉的爸爸妈妈为了锻炼小玉的能力，小玉的爸爸妈妈并没有陪同小玉一起去厕所，而是让小玉自己一个人去不远的厕所。当小玉小便之后，要去找爸爸妈妈时，她忽然感觉到自己被一双大手给擒住了，嘴巴也被那双大手给捂住了，叫不出声来，小玉年纪小，力量太小，根本挣脱不了这双大手，惊慌失措的小玉就被拖进了隔壁的男厕所里。小玉感觉到自己的裤子被脱了下来，衣服也被撕烂了，但是她却怎么也叫不出声来。好在这一情况被清洁工阿姨及时发现，清洁工阿姨拿起拖把就冲到男厕所里，把勒住小玉的中年男人给打跑了。小玉一下子软在了地上，哇哇地哭了起来。当小玉的爸爸妈妈重新见到小玉时，小玉早已经哭成了一个泪人，眼睛里还充满着恐惧。

像小玉这样的状况在生活中虽然不太常见，不过在平时也应该引起父母的重视。落单的小女孩很容易遭到坏人的侵犯，遭受意外伤害。落单的小女孩在厕所里，很容易遭到侵犯，有些变态喜欢在小女孩的面前暴露阴部，有些则喜欢用污言秽语猥亵小女孩，还有些就会采取暴力手段对女孩实施强暴。因此，孩子到公共厕所里方便时，父母要尽量陪同，不要让孩子一个人出入，如果父母不在身边，女孩出入厕所也应该尽量结伴而行，不要单独前往。

在相对僻静的地方上厕所时，一定要让女孩查看周围是否有可疑的人员出没，是否有人尾行跟踪，发现可疑人员时，应该马上离开，避免遭到侵害。

如果有人要求"亲亲"，绝不能答应

有时在女儿的额头上亲一口，能充分地表达父母对女儿的爱。但是父母也要告诉女儿，"亲亲"是一种很亲密的动作，不可以随便和人"亲亲"。在生活中若是有人提出"亲亲"的要求时，一定不可以答应。

案例

瑶瑶今年六岁，她是一个很懂得自我保护的小姑娘。有一天瑶瑶的妈妈带着瑶瑶出去找朋友玩，妈妈的同事小李阿姨见瑶瑶乖巧漂亮，喜欢得不得了。就想在瑶瑶的脸蛋上亲一口，不过瑶瑶却奶声奶气地说："不行，妈妈说不可以跟别人'亲亲'。"这可把小李阿姨给逗乐了，她跟瑶瑶说，她也是女的，亲一口没关系的，不过瑶瑶还是坚定地摇了摇头。于是小李阿姨依然不死心，她改变了

策略，她承诺瑶瑶，只要瑶瑶肯让她亲一口，她就买好吃的薯片给瑶瑶吃，瑶瑶平时最喜欢吃薯片了，听到有好吃的，瑶瑶明显犹豫了一下，不过还是摇头拒绝了。

小李阿姨见瑶瑶心动了，赶忙加大了筹码，承诺瑶瑶只要让她亲一口，周末就带瑶瑶去游乐场玩。这下瑶瑶有些动摇了，她赶忙看向了妈妈，询问妈妈应该怎么办，不过瑶瑶的妈妈却让瑶瑶自己做决定。想了好一阵子之后，瑶瑶还是坚定地摇了摇头。

正是瑶瑶的父母教育得好，才让瑶瑶面对诱惑时不动心。小李阿姨对瑶瑶并没有恶意，只是单纯地觉得瑶瑶可爱、漂亮，想要亲一口表示亲昵，不过难保在生活中有一些人是带着邪恶用心来接触孩子。那些坏人就会利用孩子年幼无知，贪吃好玩的特点，对孩子进行威逼利诱，以满足他们非法的欲望。

女孩年纪太小，很难分清谁是好人、谁是坏人，谁是善意的、谁是恶意的。与其教女孩可以跟谁亲近，不能跟谁亲近，还不如告诉孩子和别人亲近的“底线”，“亲亲”是绝对不允许的。

女儿，不准别人摸你的私密处

家有小女初长成，女儿一天一天长大，慢慢地从呱呱落地的小婴孩变成了一个含苞待放的小姑娘。女孩随着年龄的增长，性别特性逐渐地明显了，有些内心变态的人就会开始萌生出邪念，将罪恶的手伸

向懵懵懂懂的女孩们。因此，父母在教育女孩要远离一些危险的同时，也应该告诉女孩要注意保护好自己的身体，不可以让人触碰自己身体的私密处。

案例

八岁的芳芳已经是小学一年级的学生了，放学后，芳芳抄好了黑板上的作业收拾书包准备回家时，芳芳的班主任陈老师忽然叫住了芳芳，让芳芳到教师公寓一趟。到了教师公寓之后，陈老师对芳芳很热情，又是倒水，又是嘘寒问暖，可把芳芳感动坏了。过了一会儿之后，陈老师就对芳芳说："芳芳，你的基础比较差，所以学习成绩不太好，老师看你是个好学的孩子，决定每天放学后给你补习功课，不知道你愿不愿意?"芳芳听到陈老师的话，眼睛顿时一亮，芳芳当然马上就同意了。

接下来的一段时间，芳芳都按时出入陈老师的家，接受陈老师的补课，芳芳的学习成绩也慢慢地好了起来，芳芳的爸爸妈妈也对芳芳能遇到这么好的一个老师而感到高兴。这一天，芳芳和往常一样到陈老师家补课，补课结束之后，陈老师忽然把芳芳叫到了卧室里，然后就把芳芳拉到床边坐下，双手搭在了芳芳的大腿上。芳芳感觉到很不舒服，就距离老师远了一些，不过陈老师并没有打算放过芳芳，又和芳芳靠得很近。芳芳想起妈妈告诉她的话，于是她就跟老师说："陈老师，妈妈说不能让别人碰我的身体。"

陈老师的脸上顿时阴晴不定了，他停下了动作不敢对芳芳动手动脚了，只好点头放芳芳回家了，不过也威胁芳芳千万不要把今天的事情说出去，心中恐惧的芳芳赶忙点头答应了。从那以后，陈老师对芳芳的态度一落千丈了，时不时还会对芳芳冷嘲热讽。芳芳不明白自己到底做错什么了，感觉到很委屈。

针对芳芳的情况，孩子的父母在教育孩子时，一定要注意以下几点：

1. 尽量不要让女儿和男人独处

在密闭独处的环境里，有些人难免会心生邪念，对女童伸出邪恶的手。所以平时父母就要注意，不要给坏人提供滋生邪恶的土壤，尽量减少女儿和男人独处的机会。千万别以为女儿还小，不会有人对小女孩有什么想法，就放松了警惕，从而导致危险的发生。

2. 不可以让别人碰她的私密处

在平时，父母就应该告诉女儿，女孩子的身体是不可以让别人随便碰的，如果有人恶意地碰触就要躲开，然后事后告知父母，寻求父母的保护。

3. 加强和孩子的沟通

有些父母对待女儿的方法比较简单粗暴，跟女儿交流很少，就算发生了侵害，女儿也不敢告诉父母，害怕就算告诉父母也得不到安慰，反而会遭到责打。所以，平时父母就应该和女儿建立平等和谐的亲子关系，保持和女儿的良好沟通，这也是减少侵害的有效保证之一。

告诉女儿，什么是性骚扰

“儿童性骚扰”在当今社会已经不是一个禁忌了，有资料显示接近百分之八十的“儿童性骚扰”都是出自孩子熟悉且值得信赖的成年人之手。这类人在对女童实施性骚扰后往往具有很强的隐蔽性，一般情况下很难被察觉。而女孩在遭到性骚扰被坏人威胁和哄骗后，往往不敢把事情的真相告诉父母，这也助长了坏人的嚣张气焰。

案例

六岁的童童是一个可爱的小女孩，有一天童童的爸爸妈妈都去加班了，留童童一个人在家写作业。这个时候，童童的舅舅来了。见到童童的爸爸妈妈不在，童童的舅舅就起了一个邪念，他走到童童身边，有意无意地抚摸着童童的身体。童童感觉到很难受，就想要避开舅舅，不过童童的舅舅看见童童并没有什么激烈的反应，一屁股坐在童童的身边，双手也开始得寸进尺起来，不再局限在童童的上半身，也开始朝童童的大腿摸去，而且一边摸童童一边还说些污言秽语来挑逗童童。童童感觉到很害怕，眼泪哗哗地流了下来，而且哭喊着要告诉爸爸妈妈，这时童童的舅舅才开始害怕起来，并且给童童许下各种好处，要给童童买很多好吃的零食，童童这才止住了哭声。

童童的舅舅见童童不哭了，心里这才松了一口气，但是他的色心依然不死，还想诱骗童童，玩弄童童的身体，不过童童却再也不肯了，而且坚定地对舅舅说："你要是再敢动我，我就告诉妈妈。"舅舅这才感觉到害怕，威胁了童童几句，就灰溜溜地走了。从此以后，童童晚上一个人在家，无论是谁来敲门，她都不开门了。

熟人作案是"儿童性骚扰"的一个特点，父母一定要对身边的熟人有所警觉，如果有些人既非节假日又不是生日的情况下，便经常找理由送孩子小礼物的，或者是那种单独拿出许多时间陪自己孩子的成年人都应该值得警惕。如果形势所迫，一定要让孩子和某个成年人独处，就要询问孩子这期间都发生了什么事，都做了些什么，务必要用轻松的口气和孩子交谈，这样才能让孩子说出真相。如果真发生了异常的情况，例如，经常无故地抚摸孩子的敏感部位，

要求孩子抚摸其身体等，那就要采取措施，以防这类事件再次发生。

一般来说，容易发生性骚扰的主要有这些地方：

1. 在亲戚或自己的家里

亲戚或自己家里，是“儿童性骚扰”最为常见的区域，父母平时要告诉孩子，无论是在亲戚还是在自己家里，如果有成年人的行为让她感觉到不适，就要远离那个成年人，并且可以用“如果你再动我，我就告诉妈妈”、“不要靠近我，爸爸很快就回来了”之类的言语威胁成年人，让其打消邪恶的念头。

2. 在公车、地铁里

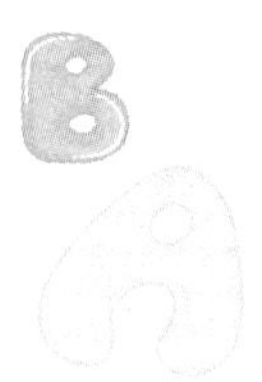

在公车、地铁里也难免会遇到对女孩进行性骚扰的变态，父母要告诉孩子遇到这种情况时，一定不能退缩和不好意思，可以大声高喊：“请你把手拿开！”大多数的色狼都会知难而退。

告诉女儿，身体是属于自己的

年纪小的女孩对性别没有认知，并不知道男孩和女孩的不同，对于自己的身体也缺乏保护意识。她们不会把自己和男孩区分开来，认为大家都是一样的，在游戏时，很可能就会有“过分亲密”的接触。等女孩成年之后，幼年的这些记忆，很可能会给女孩的心灵留下阴影。所以，父母要教育女儿，她的身体是属于自己的，不可以让别人乱碰。

案例

六岁的瑶瑶是一个活泼开朗的小女孩，她有许多好朋友。有一天，她和亮亮、田田两个好朋友一起在亮亮家里玩，三个小朋友把亮亮的小床当成了蹦床，在上面又闹又跳，玩得十分开心。玩累了之后，三个小朋友就躺在亮亮的床上休息。这时，田田提出玩过家家的游戏，亮亮和瑶瑶都点头同意了。亮亮扮演“医生”，而瑶瑶和田田就当“小病人”，亮亮有模有样地拉过田田的手，为她把脉，告诉田田说，她生病了需要打针，亮亮就脱掉了田田的裤子，要为田田“打针”，田田乖乖地照做了。之后轮到瑶瑶看病了，亮亮说瑶瑶的后背受伤了，需要给瑶瑶按摩。亮亮就在瑶瑶的后背抚摸起来，就在亮亮要解开瑶瑶的衣服时，瑶瑶忽然阻止了亮亮，并且跟亮亮说：“亮亮，妈妈告诉我，身体是自己的，不可以让别人摸的。”

过家家是孩子们最经常玩的游戏，这是对生活的模拟，对于孩子的心智成长具有很大的作用。不过，孩子在扮演角色时，时常都会“过火”，导致身体的过分接触，给女孩的身心发展带来不好的影响。所以，父母在教育女儿时，一定要告诉她，她的身体是属于自己的，不可以让别人乱碰。

告诉女儿，这些行为都是侵犯

有一些针对学龄前女孩的侵犯行为是非常隐蔽的，例如，摸摸女孩的脸蛋、拍拍女孩的屁股、用手轻轻搂女孩的腰间、说话时故意贴得很近摩擦女

孩的脸蛋等等。这些看上去是长辈对女孩表示亲昵的动作，实际上很可能都带有性的色彩，学龄前的女孩对于性还处在十分幼稚和懵懂的阶段，并不知道这些动作意味着什么，很容易忽略这些隐藏在慈爱背后的侵犯行为。

案例

五岁的妮妮是一个非常可爱的小姑娘，大大的眼睛、白嫩的皮肤、天真的微笑就好像从天而降的小天使。不过随着慢慢长大，妮妮现在也有了不少烦恼。自从她到舅舅家看外婆后，舅舅总是对她特别好，经常给她买好吃的零食，带她上街买漂亮的新衣服，就在昨天，还送给她一个漂亮的蝴蝶结发卡。但是舅舅却总是让妮妮感觉不舒服，因为舅舅经常会在她的身边转悠，有时摸摸她的头，有时拍拍她的脸，还有的时候把她抱起来荡秋千，不过手却总是没有离开妮妮的屁股。妮妮也曾经质疑过舅舅，问他为什么在荡秋千的时候老是摸她的屁股，舅舅总是说害怕她摔下来，妮妮也只能将信将疑地相信了。有一天，妮妮和妈妈说话时，无意间就把这些细节告诉了妈妈，妮妮发现妈妈的脸色变得非常不好看，并且告诉妮妮以后要离她的舅舅远一点，妮妮也就只好乖乖地点头答应了。从那以后，妈妈就再也不让妮妮和舅舅独处了。

妮妮的舅舅用好吃的好玩的东西来降低妮妮的防备心理，经常对妮妮展开侵犯，好在妮妮把这些事情都告诉了妈妈，在妈妈的干预下，妮妮免去了舅舅的骚扰，还给妮妮一个干净的童年。在生活中，针对学龄前小女孩的侵犯从来没有停止，而且这些侵犯者大部分都是孩子的熟人和亲人，这让人堪忧的同时又让人心寒。不过有句话说得好“只有千日做贼，没有千日防贼”，仅仅依靠父母的保护是不够的，一定要让孩子自己明白什么样的行为属于侵犯，然后让孩子拥有自我防范意识才是解决问题最好的办法。

1. 告诉女儿频繁的触摸很可能就是侵犯

要告诉女儿，当有人利用各种借口频繁地和她进行肢体接触时很可能就是侵犯，要让女儿拒绝。例如，频繁牵女儿的手，经常抚摸女儿脸蛋，时常“不经意”地碰触女儿的敏感部位，这些都是侵犯行为。

2. 经常让女儿抚摸他身体的行为也是侵犯

有些成年人在和女儿单独相处时，会用各种借口让女儿抚摸他的身体，甚至是一些敏感部位，这些也是侵犯行为。

第8章
面对突发意外要学会保护自己

面前的深水河不要靠近

每到炎炎夏日，河边就是孩子们的天堂，许多孩子喜欢结伴到河边嬉戏，堆沙子、打水漂、玩水枪，还有些孩子干脆就跳到小溪里踩水花。小溪小河里的水位虽然很浅，在里面玩耍也要注意安全，要防止被河底尖锐的小石子刮伤，也要注意不要踩在布满青苔的石头上以免滑倒跌伤。不过对于孩子来说，更应该引起重视的是，千万不要靠近深水河玩耍，否则一旦溺水后果不堪设想。

案例

小希今年六岁，放暑假后，小希就被妈妈送到位于乡下的外婆家避暑。外婆家依山傍水，风景十分秀丽。沿着崎岖的小道走到山脚下，就有一条条顺流而下的小溪，清凌凌的河水里鱼虾遍布，河道里的鹅卵石在阳光的照射下，如同一块块闪烁的宝石。这里就是大山里的孩子们水上的天堂，每到盛夏，孩子们就会成群结队地到这条小溪里玩耍。小希很快就和这群大山里的孩子们打成一片，玩玩闹闹十分高兴。这一天在小乐的倡议下，他们决定一起到河的下游捞鱼，小希有些为难地说道："小乐，外婆说这条小溪的下游的水很深，可能会发生危险，还是别去了吧。"小乐小手一挥说道："没事儿的，下游我经常去，根本不会发生危险，你要是真的害怕，那就站在岸边好了。"小希看见自己说服不了小乐，就只好点头同意了。于是几个小朋友就一起到了下游去了。小希听外婆的话，老老实实地站在岸边等待其他小朋友们。没过多久，只听水里传来一阵惊呼，小乐竟然溺水了。惊慌失措的小希赶紧大声呼救起来。等大人把小乐救上来的时候，小乐已经永远睡着了，再也醒不过来了。

深水河对于孩子来说是非常危险的，孩子在河边玩耍时，一旦不小心堕入深水河中，就很容易溺水身亡。有些河流，因为光线的折射作用，看上去并没有多深，一旦入水，才会发现比估计的要深得多。许多不习水性的孩子在河边玩耍，错误估计了水的深度，就很容易酿成悲剧。

还要值得注意的是，孩子到河边玩耍，一定要有大人的陪同，一旦发生了

突发状况才能及时地施救。每到夏天，父母就应该对孩子进行安全教育，给孩子看溺水事件的新闻，看有关的宣传图册，还要叮嘱孩子，在家附近哪些河流是深水河不能去。让孩子心中有数，尽量避免去危险区域玩耍。

流鼻血的预防和处理方法

气候干燥、生病、偏食挑食、使劲搓揉鼻子以及碰撞受伤，都可能使鼻中血管破裂，导致孩子流鼻血。遇到这种情况，许多孩子都害怕鼻血流出来，就用手堵住或捏住鼻子，有些孩子甚至还仰起头让鼻血倒流。这些方法都是不科学的，非但解决不了问题，还可能因为血液倒流回气管，造成窒息等严重后果。

案例

五岁的彤彤安安静静地坐在书桌前写作业，她感觉一股热流从鼻子里面流了出来，随后就发现鲜红的血液滴在她的作业本上。彤彤害怕极了，赶紧捏着鼻子，哭哭啼啼地去找妈妈。彤彤的妈妈赶紧拿起布帮彤彤止血。可是彤彤的情况并没有好转，鼻血依然流个不停。彤彤的妈妈就让彤彤仰着头，这种方法果然奏效，彤彤果然不再流鼻血了。不过没过一会儿，彤彤的妈妈就感觉到情况有些不妙了。彤彤的脸色竟然由青转紫，表情也变得十分痛苦。彤彤的妈妈问彤彤是怎么回事，彤彤却支支吾吾说不出话来了。

彤彤的妈妈这时才意识到彤彤可能有危险，赶忙拨打了“120”，等医生赶到时，彤彤已经气若游丝，昏迷过去了。经过医生诊断才知道，原来彤彤是因为鼻血倒流回气管导致窒息，经过医生的抢救，彤彤的命是保住了，不过却因为脑部缺氧太久，部分神经坏死，变成了植物人。

彤彤的妈妈和彤彤都没有急救的常识，在彤彤流鼻血时，做出了相当错误的处理方式，不仅没有达到止血的目的，反而还造成了比流鼻血更加严重的后果，这才导致了悲剧的发生。彤彤的事情让人惋惜的同时，也应该引起父母的重视，父母应该和孩子一起学习如何预防流鼻血以及流鼻血时的处理方法。

1. 如何预防流鼻血

夏天天气炎热空气干燥，孩子容易流鼻血，父母可以准备一些金霉素眼药膏均匀地涂抹在孩子的鼻腔内，起到滋润鼻粘膜的作用。同时要纠正孩子的饮食习惯，多吃蔬菜多喝水，合理搭配饮食，也要加强体育锻炼，增强体质。父母还应该帮助孩子改掉熬夜、抠挖鼻子等不良习惯。

2. 流鼻血的处理方法

孩子流鼻血了不要慌张，先让孩子静静坐在椅子上，把消过毒的清洁棉沾湿，塞入鼻孔内止血，并用手指轻轻按压鼻翼，促进血液凝固。不要用手搓揉鼻子，也不要用力呼吸，更不能仰起头。鼻血止住后，不要急于抠出，以免使结痂部位再次破损引起二次流血。如果孩子流血不止，应该及时送孩子到医院就医，查明流血的原因。

被困电梯，用这些方式求救

在高层建筑中，电梯已经是必不可少的工具了，只要轻轻一按，就可以很轻松地到达想去的楼层，给我们的生活带来了很多便利，不过一旦电梯出了问题，有人被关在电梯里了，这也会给我们带来不小的麻烦。电梯是一个密闭的空间，孩子若是被困在电梯里，势必会惊慌、害怕、恐惧，甚至带来危险。因此，家长很有必要告诉孩子，当他被困在电梯里时，应该如何获得救援。

案例

艺术培训中心下课了，六岁的小燕和其他同学一起，高高兴兴地从培训中心走了出来，乘上了电梯。电梯平稳地向下移动，忽然听见“嘎噔”一声，电梯急速下坠，孩子们被这突如其来的变故吓得大声尖叫起来。接着电梯又往下滑动了几米，卡在了一楼和二楼之间再也不动了。电梯厢的灯依然亮着，可是门却打不开了，被困在电梯里的孩子们顿时哭喊成了一片。小燕也十分焦急，不过素来冷静的小燕知道，现在哭是没有用的，应该尽快找人求救，于是小燕踮起脚尖，按住了电梯里的求救键，向外面求救了。接着小燕就开始安抚身边其他的小朋友，让他们不要哭闹，等待别人来救援。其他小朋友看到小燕这么镇定，也开始慢慢地平静下来了，也都停止了哭闹，和小燕一起等待外面的救援。又过了二十多分钟，电梯外面的响动越来越大了，小朋友们也开始骚动起来，纷纷呼喊起来，又过了一会儿，电梯的大门被消防队的叔叔撬开了，小朋友们在小燕的指挥下，有条不紊地从电梯里爬了出去。在电梯里的七个小朋友一点事儿也没有，大家都夸小燕是个聪明冷静的好孩子。

电梯发生故障乘坐者被困在电梯里这样的事情也是时有发生的，只要处理得当，是不会发生危险的。孩子被困在电梯里，父母可以告诉孩子应该这样做。

1. 电梯出故障时，要让孩子保持冷静

电梯是一个密闭的环境，被困在电梯里很容易造成恐慌，父母一定要告诉孩子，当他被困在电梯里时，一定要保持冷静，不要害怕，并安慰困在电梯里的其他人，告诉他们只要静静地等待救援，就一定不会发生危险。

2. 利用电梯里的电话求助

在电梯里，一般都有求助电话和求助警铃。家长可以带孩子到电梯里，教孩子使用电梯电话和求助警铃，以便外面的求援人员能够及时发现电梯里被困人员的情况。

3. 不要大哭大闹

家长还要告诉孩子，当电梯电话恰好失灵或者报警警铃出现问题，无法和外界取得联系，也不要惊慌，更不要大哭大闹，应该要保持体力，等待救援。

被小猫小狗抓伤、咬伤的急救措施

小猫、小狗很可爱，孩子特别喜欢和小动物们玩耍。不过，小动物不懂得

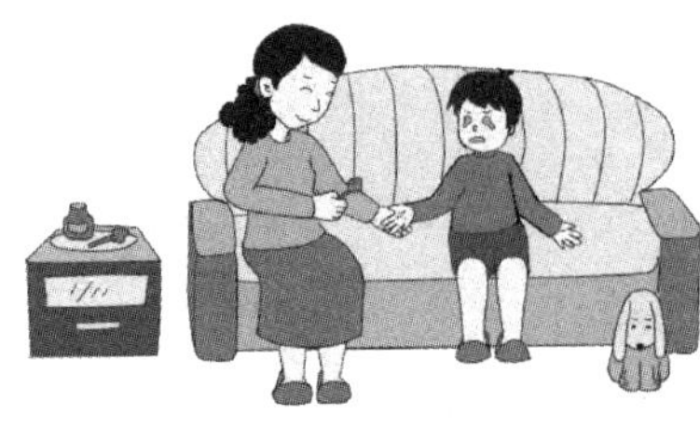

控制力度，在玩闹时，孩子很容易被这些小动物抓伤、咬伤。很多父母会认为，自家的小猫、小狗很健康，孩子被咬伤了，只要把伤口洗干净，包扎一下就好了，其实不然，就算再干净的小动物也有可能携带狂犬病毒，都可能造成伤口感染。若是不谨慎对待，不按照规范处理伤口，也有可能造成严重的后果。

案例

六岁的小海非常喜欢小动物，在他的央求下，小海的妈妈在六一节的时候给小海买了一只可爱的小狗幼崽，小狗幼崽经常缩成一团呼呼大睡，如同一个圆乎乎的小肉球，小海亲切地叫他绒绒。小海可喜欢绒绒了，不仅白天陪它玩闹，就连晚上也都要绒绒在身边陪着他。几个月过去了，小海和绒绒渐渐地成为了亲密无间的好朋友。有一天，小海看完电视，觉得有些无聊，就去逗弄躺在一旁半眯着眼睛睡觉的绒绒，不过绒绒看了小海一眼，又继续睡了下去。小海感觉到自己被绒绒无视了，十分生气，就用手去拉绒绒的尾巴，恼羞成怒的绒绒回头就咬了小海一口。小海白嫩的小手顿时多了一个血红的牙印，鲜血渐渐地从小海的伤口里渗了出来。小海看见血，吓得哇哇大哭，赶忙跑去找妈妈。妈妈看到小海被咬伤了，心疼极了，赶紧帮小海洗干净伤口，带小海去医院看医生了。

小动物很可爱，它们都是人类的朋友，不过在和小朋友玩闹的过程中，也很容易因为控制不好力度，误伤到小朋友。在夏天，天气酷热，小动物也会焦躁不安，平时温顺的小猫、小狗在这个时候很可能就会暴起伤人。当孩子被小猫小狗咬伤后，应该这样来处理：

1. 伤口洗干净消毒

父母可以用自来水把孩子的伤口冲洗，然后用肥皂水将孩子咬伤、抓伤部位清洗干净，最后再用碘酒或者酒精给伤口消毒。

2. 注射狂犬疫苗

无论是被家养的小动物还是流浪的小动物咬伤，都应该及时到疾病控制中心或卫生防疫站接受医生指导注射狂犬疫苗，将狂犬病的发病率降至最低，越早接种狂犬疫苗效果越好。

游泳时溺水了，不要惊慌

夏天到了天气炎热，孩子们都喜欢到有水的地方纳凉，这时就一定要多加小心。孩子的年纪小，应变能力弱，一旦发生溺水，很容易惊慌失措，不知如何应对，往往会造成不可挽回的后果。因此，父母在教育孩子时，需要告诉孩子，一旦溺水，应该如何自救。

案例

六岁的小马是个游泳健将，他虽然年纪不大，但游起泳来可是一把好手，许多成年人都不如小马游得好。每到夏天，离小马家不远的那条河就是他的舞台。今天很热，小马午觉过后，就和几个大孩子一起就到附近的河里游泳了。小马脱光了衣服，穿着裤衩“噗

通”一下跳到水里去了，清澈冰凉的河水让小马全身都无比舒服。过了一会儿，几个小朋友适应了水温之后，就开始在水里欢快地玩了起来。小马就如同穿梭在大河里的鱼儿一般，在水里展现各种各样的泳姿，这可让其他几个孩子羡慕极了。就在小马得意洋洋，准备再做一个高难度动作时，小马忽然感觉到自己的右脚抽筋了，强烈的抽搐让他根本使不上力来，他整个人都开始渐渐地沉到水里去了。不过小马并没有惊慌，而是慢慢地将身体抱成一团，然后呼喊另外几个小朋友来拉他上岸。其他几个孩子听见小马的呼喊，赶忙赶了过去，将小马从水中救了起来。上岸之后，几个大孩子赶忙给小马的小腿做了按摩，小马这才慢慢地好了起来。

在夏天有水的地方是事故的高发区，孩子在河边玩耍时一定要注意安全。不会游泳的孩子要谨防落水，会游泳的孩子也要注意水下安全，谨防抽筋或体力不支导致溺水。若是不幸溺水，父母要告诉孩子应该这样做：

1. 当不会游泳的孩子不慎落水，要让孩子保持头脑清醒，不要害怕，要坚信会有人来救他。要保持头顶向后，口向上方的姿势，将口鼻露出水面进行呼吸，尽可能使身体浮于水面，以等待他人救援。此外，嘴巴要紧闭，用鼻子呼吸，防止河水灌入口中。切忌将手上举或拼命挣扎，这样会加速下沉速度。

2. 会游泳的孩子溺水大多数是因为游泳脱力或者是因为小腿抽筋，一旦发生意外应该平心静气，将自己的身体抱成一团，使其浮上水面。然后大声呼救，等待他人的救援。

雷雨天气，要立刻关闭所有电源

在雷雨天气，一定要记得关闭所有电源。因为打雷时，雷电产生的高压电，会随着电线传导到家用电器上，将家用电器损坏。有些孩子贪图玩乐，为了上网玩游戏或者看好看的动画片，即使打雷也置若罔闻，这是很危险的，不仅容易损坏电器，也很容易伤害到孩子。

案例

六岁的小关经常趁爸爸妈妈不在，一个人在家上网玩游戏。今天和往常一样，小关在玩游戏，渐渐地外面的天空暗了下来，天空中响起了阵阵的雷声。这下让小关有些犯难了，因为妈妈告诉小关，外面打雷一定不可以玩电脑看电视，否则就会有危险，但是电脑里好玩的游戏又让小关欲罢不能。作了一番思想斗争之后，小关抱着侥幸的心理继续玩起了游戏，很快小关就把妈妈的话抛在脑后了。雨越下越大，雷声也越来越密集了，可是小关依然聚精会神地玩着游戏，突然一道白昼般的闪电划过，小关感觉前胸被重锤击打一般，惨叫一声昏了过去。等小关重新醒过来时，他已经躺在医院里了，旁边坐着泪流满面的妈妈。

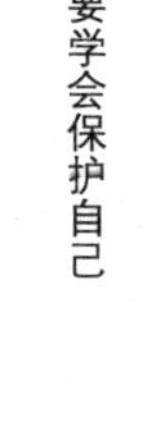

在雷雨天气，大气运动所产生的强电流对家用电器的危害是很大的，小关

正是因为没有认识到打雷的危害性,贪图玩电脑游戏,没有把妈妈的话放在心上,这才被雷电击伤,送进了医院。家长平时在教育孩子时,应该从以下两个方面来教导孩子。

1. 告诉孩子打雷为什么会损坏电器

打雷主要有静电和高压两方面的伤害,雷雨天气产生的高压会通过家用电器的电源线或者天线瞬间释放强电流,造成家用电器里的电子元件被击穿或熔融,导致家用电器损坏。孩子知道了这个道理,就会在雷雨天气有所警觉,一旦打雷就会使他们重视起来。

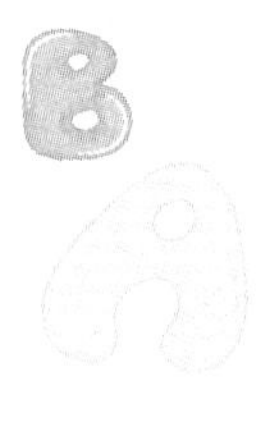

2. 告诉孩子在雷雨天气应该做些什么

雷雨天气时,要先把房间里的窗户关好,避免雨水泼进房间,浸湿电器。然后就要检查家用电器是否都已经关闭,电插头是否都已经拔掉了。只要孩子能够按照父母说的去做,在雷雨天气即使一个人在家也会很安全。

下冰雹时要尽快躲避到安全处

在户外天气多变,遇到一些突发的天气一定要让孩子知道如何保护自己。在夏天,由于空气对流速度很快,地表上的水蒸气迅速上升到温度较低的高空,液化成小水滴或凝华成小冰晶形成云团,云团忽然遇冷就很容易形成冰雹。冰雹不仅对建筑物和农田有巨大的危害,也极容易砸伤在户外活动的孩子。遇到冰雹时,一定要让孩子尽快躲到安全的地方。

案例

一天，五岁的小毅和他们两个好朋友小明、小龙在离家有段距离的公园里玩耍，三个小朋友在公园里玩沙子、坐滑梯、踢皮球，玩得不亦乐乎，就连天忽然暗了下来也没有发现。距离小毅不远处的小龙忽然叫了一声然后跟小毅说道："小毅，好好地你为什么用石头砸我？"小毅觉得很委屈，赶忙解释道："我没用石头砸你呀，我的脑袋还被砸了一下呢！"就在小龙想说些什么的时候，小龙的脑袋上又被砸了一下。小毅的脸色大变紧张的说道："哎呀，不好了，天上下冰雹了，我们要快点找个地方避一避才行。"

小明也跑了过来说道："不如我们现在马上回家吧！"小毅看了看天色摇了摇头说道："不行，这里离家太远啦，我们回去很可能会受伤的，只能先到那边的公共厕所里躲一躲了。"于是在小毅的带领下，三个小朋友赶忙跑到公共厕所里躲避冰雹。三个小朋友刚走进厕所，冰雹就如断了线的珠子一般从天上落了下来。有的冰雹比乒乓球还大，停在路边车子的挡风玻璃都被冰雹砸裂开了。

小龙和小明满脸庆幸，还好刚才没有直接跑回家，而是听从了小毅的建议就近躲在了公共厕所里，否则真就遭殃了。

小毅的机智让三个小朋友躲过了一场冰雹，免去了意外的伤害。父母要告诉孩子在户外遇到冰雹，一定不要惊慌失措，只顾着低头猛跑，应该就近找安全的地方躲避，千万不要躲在高楼、广告牌和大树的下边。除此之外还要注意：

1. 要首先保护好头部

无论在什么情况下，遭遇冰雹时，孩子都应该首先保护好自己的头部、颈椎和腰部。如果附近有木板或者是水桶等坚硬的东西可以抵在头顶上保护自

己。如果确实什么都没有则应该双手抱头、蜷曲身体前行。

2. 冷静地观察四周

在保护好头部的同时，应该要冷静下来观察四周寻找最近的躲避点在哪里，迅速进行躲避。

街上有人斗殴，切忌围观

孩子在户外玩耍，难免会遇到一些突发的情况，打架斗殴就是其中的一种。好奇心旺盛的孩子很容易被这些意外事件吸引，加入到围观人群之中去。孩子的身体矮小，力量很弱，很容易被围观人群推挤发生伤害，也有可能被斗殴人员误伤。因此，在街边围观打架是非常危险的，父母应该告诉孩子，看到有人打架斗殴一定要远离。

案例

有一对姓方的兄弟在街边喝酒，弟弟喝醉酒后就在街头闹事，哥哥上前阻止却与弟弟发生口角，于是一对兄弟俩就在街头打了起来。渐渐地引来许多围观的人群。五岁的小蒙看到这一幕十分好奇，也就随着人群跑过去看起了热闹。小蒙就像一条小泥鳅在人群中滑动，一下子就挤到了人圈子里面，他探出小小的脑袋，好奇地观看着那对兄弟互相厮打、互相谩骂，觉得新奇极了。而围观的人群竟然也没有上去劝架的，全部都兴致勃勃地看着“热闹”。围观群众的笑声引来了这对打架兄弟的不满，他们拿起地上的石头就朝围观人群丢去，想要驱赶看热闹的人们。还没等小蒙明白过来发生了什么事，就看见一块巨大的石头朝他的眼前飞来，“砰”一下砸在了小蒙的额头上，鲜血顿时从小蒙的头上喷了出来。打架的兄弟俩见闯了祸，赶紧推开人群逃跑了，而小蒙则倒在了血泊里，还好小蒙的幼儿园老师路过，这才抱起了小蒙，把他送进了医院。等小蒙醒了过来，才知道他差点因为流血过多而性命不保。

小蒙正是因为围观别人打架，才遭到了飞来横祸。父母应该以此为戒，告诫自己的孩子，有人打架千万不要围观。

1. 围观斗殴是有危险的

父母应该告诉孩子围观斗殴是会发生危险的，在围观过程中不仅会被斗殴人员误伤，还有可能在人群运动、拥挤的过程中摔伤，甚至在慌乱中被人群踩踏。

2. 斗殴是一种不好的行为

父母还应该让孩子认识到，打架斗殴不是“本事”，而是一种非常野蛮暴力的行为，不仅会伤害到自己，也会伤害到别人。遇到与别人争执的情况，应该要冷静对待，不要一时冲动就拳脚相向。

3. 不要尝试去劝架

有些孩子富有爱心喜欢帮助别人，看到有人在打架，心中不忍，往往会滋生出上前劝架的念头。父母应该要告诉孩子，他们的人小力微，不仅很难阻止斗殴的发生，还有可能被斗殴人员误伤。所以正确的方法是，远离斗殴人群，寻找附近的电话亭报警，让警察叔叔来处理。

迷路了，赶紧寻求警察帮忙

孩子在不熟悉的环境里玩耍，很容易就会迷路。处在陌生环境的孩子往往会惊慌失措，不知道怎么办才好，不仅容易发生交通意外，也有可能遭遇居心不良的陌生人，被人贩子拐骗。因此，父母在平时就要告诉孩子，迷路了，应该要寻找警察帮忙。

案例

八岁的言言到好朋友章章家玩耍，两个小朋友玩得很尽兴。时间不早了，言言就告别章章独自回家了，没走多久言言就感觉到有些不对劲了，周围的景色都是她从来没见过的，让言言感觉到非常陌生。言言的心里有些害怕了，她知道她可能是迷路了，不过言言并没有惊慌失措，她开始调头往回走，可是无论她怎么找，再也找不到章章的家了。此时，言言才开始着急了，差点就哭了出来。不过言言的心里还记得妈妈的话，迷路了不要惊慌，要寻找可靠的人寻求帮助。于是言言在路上一边走一边寻找可靠的人。忽然一个身穿制服的警察朝她走了过来，言言赶紧跑了过去对警察说道："警察叔叔，我迷路了，请你带我回家。"警察叔叔就蹲了下来和蔼地问道："小朋友，你家在哪里呢?"言言想了想摇了摇头说道："我也不知道我家在哪里，不过妈妈给了我一张卡片，上面有写我家的地址。"说罢，言言就从书包里拿出了一张写着电话号码和家庭地址的卡片交给了警察叔叔。警察一看卡片，立马拨通了卡片上的电话号码，找到了言言的妈妈。过了二十多分钟，言言的妈妈赶到了，言言看到妈妈眉开眼笑，扑到了妈妈的怀里。警察叔叔在确认言言妈妈的身份后，这才跟言言和她的妈妈告别。

孩子年龄太小，不适合单独出门，若是孩子要去别处玩，大人尽量要陪同。若是孩子迷路，父母就应该告诉孩子要向警察或者向路边可靠的行人求助。

1. 孩子单独出门要去有把握的地方

孩子的空间方向感不好，走在路上很容易迷路，若是孩子单独出门，尽量让孩子去那些很熟悉的地方，没有把握的地方则不要随便乱走。

2. 要让孩子熟记家庭信息

平时就应该训练孩子记住家庭地址、父母的名字、私人电话、单位号码等等，孩子一旦迷路就可以通过公用电话联系父母。如果孩子记不住，父母也可以把这些信息写成卡片交给孩子随身携带。

3. 找可靠的行人寻求帮助

若是路上没有警察或者公用电话，也不要惊慌，可以让孩子寻找那些带着孩子的家长寻求帮助。带着孩子出门逛街的很大可能是附近的居民，有走失的孩子寻求帮助，一般来说都会乐于施与援手，孩子找这样的人寻求帮助是相对可靠的。

总之，平时父母应该教育孩子，迷路了不要惊慌和害怕，只要按照父母平时教导的方法去做，就一定可以找到回家的路。

在拥挤的人群中如何自我保护

无论是在繁华的商业街、地铁、集市，都会遇到人群拥挤的情况，孩子身单力薄，处在这样的环境之中是十分危险的。孩子随着人流前行，在推搡、拥挤的过程中，孩子很容易被人群挤倒，造成踩踏的危险。所以，父母很有必要提高孩子在拥挤的人群中的自我保护能力，这样可以很大程度上减小意外的发生。

案例

过年了，整个城市都充满了喜庆的气息，小宝的妈妈领着小宝一起去参加庙会。庙会里好玩的东西可多了，有嘎吱作响的风车，有能够吹口哨的水果糖，还有精美漂亮的拼图，小宝左看看右看看兴奋极了。就在这时，小宝忽然发现妈妈不见了，她左顾右盼也找不到妈妈的踪迹。小宝有些心慌了，她想要从人群中退出来站在路边等妈妈，可是人实在太多了，小宝根本动不了。小宝一边随着人流缓缓地前行一边告诉自己，不可以着急，妈妈一定会找到自己的。突然，不知道后面发生了什么事，人群的脚步加速了，小宝一个趔趄跌倒在地，她害怕极了，妈妈曾经就告诉她，在人群中跌倒是非常危险的，很可能会有生命危险。她强制自己冷静下来，将她小小的身体缩成一团，慢慢地滚到墙角边上，小宝这才深深地舒了一口气。这时，人群的移动速度越来越快，不少成年人也摔倒了，整个街道上一片惊呼和哀嚎的声音。又过了一段时间，人群慢慢疏散了，许多救护车赶到了这里，开始救治躺在地上的伤员。小宝的妈妈也发疯似得在街道上呼喊小宝的名字，小宝听见了妈妈的声音，赶忙站了起来，朝妈妈跑去。小宝的妈妈惊喜万分，赶忙抱住小宝，在她的身上检查一遍，发现除了刮破了皮，没有其他的大事，小宝的妈妈这才松了一口气。

孩子年纪幼小，自我保护能力很弱，父母尽量不要带孩子到人群拥挤的地方去，避免发生意外。若是必须要去的话，也要在出门前指导孩子如何在人群中做好自救措施。

1. 让孩子顺着人流前行

告诉孩子，一旦卷入了人流之中，千万不要慌乱，要贴墙前行，要顺着人流的方向前行，千万不要逆流而行。若有工作人员进行指挥，就一定要听从指挥，不要盲目移动。一旦人群之中发生骚动，一定要稳住重心，即便鞋子被踩掉了，也千万不要弯腰。

2. 摔倒后的自救

如果一不小心摔倒，告诉孩子需要冷静，尽量靠在墙边，将身子缩成一团，保护住身体的重要脏器，大口呼吸，保持意识清醒。这也是迫不得已的情况下采取的紧急措施。

耳朵里面飞进了虫子怎么办？

在公园和野外，有许多纷纷飞舞的小虫子，这些虫子对于孩子来说，大部

分是没有伤害的。不过孩子在玩耍的过程中，不小心让这些小虫子溜进自己的耳朵里，那就会造成一些麻烦。有虫子爬进孩子的耳朵里，千万不要自己乱掏，以免鼓膜破裂造成严重的后果。

案例

五岁的阳阳是一个热爱户外运动的孩子，傍晚太阳下山了，阳阳带上个小皮球就到小区附近的公园里玩耍了。阳阳在草地上拍打皮球玩得很开心，不过一不小心就把皮球拍到了旁边的草丛里。他赶忙跑到草丛里去捡皮球，结果一大堆小虫子从里面飞了出来。阳阳被忽然飞出的虫群吓坏了，赶忙从草丛里跳了出来，不过还是有一只调皮的小虫子钻进了阳阳的耳朵里面。小虫子在阳阳的耳朵里面拍打翅膀嗡嗡作响，阳阳害怕极了，赶忙伸出小手指去抠挖，那个小虫子却躲进了阳阳的耳朵深处了。阳阳只好哭着喊着去找妈妈，阳阳的妈妈想尽办法也没能把阳阳耳朵里的虫子取出来，只好带着阳阳去找医生。医生先用消毒水把小虫子杀死，然后才把虫子取了出来。

小虫子飞进耳朵里是常见的事故，只要处理得当，是不会有什么问题的。父母应该告诉孩子不要自己随便抠挖，更不可以用小树枝和尖锐的器物乱掏。因为耳朵的洞蜿蜒窄小，孩子的鼓膜也十分脆弱，随便乱掏很难掏出小虫子，掏不出来，那就糟糕了。小虫子钻进孩子的耳朵里，就好像人们走在一个幽深狭窄的地洞里，会在里面不停地乱飞乱撞，用手指或者器物去掏耳朵，小虫子就会往孩子的耳朵深处里钻，如果不幸钻到了鼓膜上，就可能弄破鼓膜，造成听力受损，影响孩子一生。因此，如果孩子的耳朵里飞进了虫子，父母可以这样做：

1. 用手电筒照射耳洞

小虫子具有趋光性，当受到光源刺激后，虫子就会顺着光源方向飞出来。

2. 往耳朵里滴入少量的油

小虫子入耳朵还有一种处理方式，那就是往耳朵里滴入少量的消毒用甘油或者食用香油，然后斜着头让油灌入耳朵之中，就可以将小虫子驱赶出来。如果没有出来也不要紧，等待一段时间之后，小虫子就会被香油闷死，然后再将虫子取出即可。

3. 到医院找医生帮忙

若是用尽上述两种方法，孩子还是感觉到耳朵很痛，父母就要带孩子上医院，寻求医生的帮助。

被鱼刺卡住，要学会自救

鱼肉的味道十分鲜美，无论是蒸煮还是做成鱼汤，都十分嫩滑可口，引人食欲。鱼类具有极高的营养价值，孩子经常食用鱼类，可以促进他的生长发育，以及智力的发展，可以说，鱼是孩子最好的食物之一。鱼肉虽然鲜美，不过也有许多鱼刺，孩子在吃鱼时，若是不小心误吞了鱼刺，就很可能卡在喉咙里，损伤喉咙黏膜，甚至出血。严重的还可能出现感染，沾染炎症。

案例

六岁的小新身体很瘦弱，平时就有偏食厌食的习惯。为了促进小新的身体发育，小新的妈妈经常都会买鱼烹制成鲜美可口的鱼汤给他喝。小新的妈妈叮嘱小新，吃鱼的时候不能着急，否则被鱼刺卡在喉咙就不好了。刚开始时，小新吃鱼都是小心翼翼地把鱼肉里的鱼刺挑出来，确认没有鱼刺了才吞下。一段时间之后，小新吃鱼都没有被鱼刺卡住，小新的警惕心就开始下降了，经常一边看动画片一边吃鱼。有一天，电视里的动画片十分精彩，小新将鱼送入口中，也没有仔细咀嚼就一口把鱼肉吞了下去，忽然小新感觉到自己的喉咙有种火辣辣的疼痛，小新开始惊慌起来，赶忙大口地咽口水，可是喉咙的鱼刺依然卡在那边一动也不动。小新见鱼刺吞不下去，就改变了一个方法，想把鱼刺呕吐出来，可还是不奏效，吐出的口水甚至还带着鲜红的血丝。小新害怕极了，大声哭了起来，小新的妈妈听到小新的哭声赶忙跑了过来，她倒了一小杯醋让小新喝下去，但是这非但没有让小新把鱼刺咽下去，反而使小新更疼了。小新的妈妈没有办法，只好带着小新到医院求助医生。

孩子被鱼刺卡住，有时吞一口饭或者不停地吞咽口水，鱼刺就会消失不见了，有许多人都觉得这是解决鱼刺卡喉咙的良方。其实不然，鱼刺卡得比较浅，这种方法就会有一定的效果，若是卡得深，这些方法不但解决不了问题，还可能会加剧“病情”。这就好像一枚钉子顶在了墙上，你越用力敲打，不但取不出钉子，反而会使钉子越来越深。不停地吞咽很可能会将鱼刺推进到咽部，甚至进入更深的食道里，这就更难取出了。时间长了，甚至会导致食道感染，发生危险。

在民间流传着一种解决鱼刺的“土方”，那就是不停地喝醋，让鱼刺软化掉落。这种方法是非常不科学的，且不说鱼刺最少要在醋里浸泡半小时才会软化，吞咽醋起不到软化鱼刺的效果，还会刺激口腔黏膜，导致孩子的疼痛加剧。

因此，当孩子被鱼刺卡住的时候，父母应该这样做：

1. 告诉孩子被鱼刺卡住不要哭

告诉孩子，如果被鱼刺卡住就要立刻停止进食，尽量不要进行吞咽。让孩子不要哭闹，以免使鱼刺滑进食道深处。这时，应该立即做吐的动作，一般来说都可以把鱼刺吐出来。

2. 尝试一些简单的处理方法

如果孩子被卡住了，父母可以让孩子张开嘴巴，用小勺将舌背压低，再使用手电筒照射，鱼刺卡得不深，可以用镊子将鱼刺拔出。

若是这些方法都不奏效，还有明显的感觉，那就应该到医院寻求医生的帮助，以免造成更大的伤害。

山上的蘑菇不能乱吃

到了春天，上山野炊是一件让人愉快的事情。不仅可以亲近大自然陶冶情操，在爬山的过程中还可以让孩子锻炼身体放松心情。春天是万物复苏的时节，在草丛里、大树下、小河边都会长出形态各异的蘑菇，十分好看。孩子们不谙世事，不知道许多蘑菇都具有很强的毒性，于是肆意采摘使用引起食物中毒，轻则上吐下泻，严重的很可能会危及生命。因此，千万要让孩子记住，千万不要碰野生蘑菇。

案例

三岁的圆圆跟着父母、小姨和舅舅一起到山上野炊,满山的姹紫嫣红让圆圆十分兴奋,她就如一只自由自在的花蝴蝶在森林里穿梭。一行人步行到了野炊地点便开始忙活起来,小姨整理食物,妈妈开始摆放餐具,而爸爸和舅舅在生火。圆圆没有事做,就在一旁转悠起来。就在这时,圆圆忽然发现在草丛里有一大片白花花的蘑菇十分好看,就惊呼起来。这把大家都引来了,在舅舅的鉴定下,认为这些蘑菇清新淡雅,色彩也不鲜艳,属于无毒蘑菇。于是,一行人就把这些蘑菇采摘煮汤了。这种蘑菇吃起来味道滑腻十分鲜美,满满的一锅汤被吃得干干净净。就在大家饭饱之后,圆圆忽然说她的头很晕,并且开始大口大口吐了起来,开始时,大家还以为是圆圆贪吃,吃得太多导致的,可是紧接着其他人也开始出现头晕目眩的症状。这时圆圆的爸爸才感觉不对劲了,连忙带着大家一起下山了。等他们赶到医院时,圆圆已经嘴唇发紫,陷入了深深的昏迷之中,而其他人也都精神不振,不停呕吐。在医生的诊断下,确定了是由于食用毒蘑菇引起的食物中毒,于是立马对圆圆进行抢救,这才化险为夷。

正是因为圆圆一家把毒蘑菇当成了可以吃的普通蘑菇,这才导致集体中毒事件的发生。值得注意的是,蘑菇是否有毒凭借眼睛是很难分辨的,"鲜艳的蘑菇有毒,不鲜艳的蘑菇没有毒"、"长着斑点的蘑菇有毒,没有长斑点的蘑菇没有毒"、"银针试毒,变黑的有毒,没变黑的没毒"这些说法都是没有科学依据的。有许多蘑菇,固然外表很普通,但也可能是剧毒蘑菇,真正要鉴别蘑菇是否有毒,只能在实验室里进行。因此,父母一定要告诉孩子,在山上的蘑菇不能随便吃,否则很容易中毒发生危险。

当食用蘑菇后出现强烈恶心、呕吐、腹泻、腹痛、意识模糊、神经错乱、寒颤、发热、头疼、面色苍白、呼吸困难、过敏性皮炎等症状时，不要抱以侥幸心理，要及时到医院就诊，避免延误治疗，危及生命。

发生地震怎样自救

影片《唐山大地震》给我们带来了视觉上的震撼，也同时让我们更加直观地了解了地震这种可怕的灾难。地震是由于地球在不断运动和变化的过程中积累了巨大的能量，这些能量在地壳运动活跃地带突然爆发出来，造成岩层破裂，引发原有的断层错位而形成的。孩子年纪小，一旦发生地震往往会惊慌失措，在房间里到处乱窜，很容易被倒塌的器物砸伤，造成伤害。因此，父母应该让孩子掌握地震中的自救方法。

案例

四岁的笑笑一个人在家里看电视，忽然她感到整个房间都在震动，天花板上的日光灯就好像秋千一样左右摇摆，桌子上的杯子仿佛跳舞般地在桌面上不停抖动，最后摔在地板上面，书架上的书也开始一本一本地从书架上掉落下来。笑笑害怕极了，电影电视里地震后的恐怖模样让笑笑不禁打了一个寒颤。笑笑努力让自己冷静下来，她赶忙按照老师教的方法，跑进房间躲在她小小的床下。地震依然继续，越来越猛烈了，笑笑的小床也开始咯吱作响，“轰”的一声，笑笑的小床也倒塌下来，将笑笑的身体压住了，剧烈的疼痛让笑笑晕了过去，再也没有知觉了。等笑笑重新醒了过来，发现自己全身插满管子，躺在医院里了，旁边坐着满脸焦急的妈妈。

地震是一种强烈的地质灾害，在发生地震前一般都会有一些前兆，例如，井水的水位上升；动物焦躁不安，不听主人使唤，蛇、鼠活动活跃，不怕人；天气异常，植物提前发芽、开花、结果。这些都是地震开始前的预兆，一旦发现这些异常现象，就要引起注意，提早做好应对地震的措施。地震一旦发生，千万不要惊慌失措，应该采取正确的求生方法。

1. 孩子在学校里遇到地震的自救

若是孩子在上课时遇到地震，要让孩子听从老师的指挥，冷静沉着地应对地震。可以在老师的带领下，到空旷的场地躲避地震。如果来不及撤离，那么在房间里，孩子应该躲在书桌、讲台旁边。告诉孩子，绝对不可以到处乱跑或跳楼，那样只会更加危险。

2. 孩子在街道上遇到地震的自救

孩子若是在逛街时遇到地震，应该让孩子用书包或者坚硬的物体护住头部，若是没有可使用的物品时，就用双手护在头上，以防高层建筑物上玻璃、混凝土碎块、街边的广告牌、霓虹灯架等物品掉落。要立即离开电线杆和围墙，跑到比较开阔的地区躲避。

3. 孩子在家遇到地震的自救

现在有许多人包括很多媒体宣传都存在一个巨大的误区，认为在家发生地震时，让孩子躲在床或桌子下就可以尽量避免伤害，这种方法并不完全正确。若是在地震强度不大的情况下，这种方法没有问题，但是当地震等级达到或超过四级时，这很可能就会带来巨大的危险，会严重危及生命。正确的方法是，应该让孩子以低姿势躲在衣柜、桌子旁，这样可以让家具承受一部分物品倒塌的力道，为孩子争取更多的生存空间。

4. 坚定求生的意志

若是地震发生了，被困在阴暗窄小的环境里，告诉孩子不要被恐惧打败，要坚定求生的信念。要减少体能消耗，寻找水源、食物用以维持生命，以便坚持更长的时间，获得更大的生存机会。

突发海啸怎样自救

海啸是一种破坏性极强的海浪，海上地震、海底火山爆发、水下塌陷或水下滑坡等地壳运动都可能引起海啸的发生。在海边游玩时，发现潮汐的反常涨落，海平面显著下降或有巨浪翻滚，并有大量的水泡冒出时，都应该迅速撤离到岸边高地，以防被海啸侵袭，发生危险。

案例

放暑假了，七岁的小贝在爸爸妈妈的带领下到海边游玩，海边很美，海风吹拂在小贝的脸上，清凉的海水抚摸着小贝漂亮的小脚。小贝在沙滩上跑来跑去，玩得非常开心。就在这时，平静的大海仿佛被人用水泵抽干了，海平面急剧的收缩，潮水以惊人的速度退去了。人们都站在海边观看这一奇观，许多人甚至还拿出照相机拍下了这一奇观。这一反常的现象也被小贝看在眼里，她在几个星期前在书本里学习了海啸的知识，知道这很可能是海啸降临

的前兆，于是小贝赶紧拼命的喊道："大浪要来啦，大家快跑啊。"被小贝这么一喊，许多游客也开始感觉到事情有些不对劲，就跟随着小贝一起退离了海岸，站在了一处高地上。没过多久，在大海里传来了巨大的呼啸声，几十米高的巨浪瞬间将整个海岸线吞没了，美丽的海滩顿时成为了一片汪洋。站在高地上的人们心有余悸地看着这惊人的一幕，好在他们听从了小贝的预警，这才躲过了这次惊天的灾难。

历史上巨大的海啸基本上都是由于海上地震引起的，在海啸形成的初期并不会引人注意，这就好像往水塘里面投入一颗石子，石子激荡起的水波从撞击点开始不断向四周扩散，此时形成的水波并不大，也只有半米高而已，即使这时有船位于震中也不会对般造成太大的影响。但是随着海底能量的不断叠加和累积，只需要十几分钟到一个小时的时间，就会形成滔天巨浪，对人们的生命造成伤害。所以，父母带孩子到海边游玩时，一定要让孩子学习在海啸中自救的相关知识。

1. 在海边游玩时，一定要学习相关的知识，这样就可以规避许多危险。强烈的震感是海啸前最明显的征兆，如果感觉到较强烈的震动，就应该作好预防海啸的准备，不可以让孩子靠近海边。

2. 海啸袭来之前，往往伴有强烈的潮汐涨落，如果看到异常退潮现象，就应该让孩子立即撤离海边，到地势较高的地方进行躲避。

3. 到海边玩耍时，应该带一个急救包，里面放足药品、饮用水和食品，以备不时之需。及时做好预防措施，就算海啸突然来袭，也可以从容应对。

突发山洪泥石流怎样自救

夏天是到山区旅游最好的时间，许多父母都会在这个时段带孩子到山间避暑旅游，近距离地贴近大自然。不过若是恰好赶上暴雨天气，很容易被山洪泥石流围困。山洪泥石流的成因比较复杂，大多是因为滥砍滥伐使植被遭到破坏，岩体裸露在表面，经过暴雨洪水冲刷之后形成的。泥石流具有很强的破坏性，会给人们的生命造成很大的威胁，所以在这个时节带孩子到山区旅游的父母，除了作好防范山洪泥石流的准备，也应该提前告诉孩子，当遭遇山洪泥石流应该要怎么做。

案例

夏天到了，六岁的小云在父母的带领下准备到山上的避暑山庄游玩，在出发前，小云的爸爸妈妈就告诉小云在山上的注意事项，小云很认真地听了爸爸妈妈的话。在出发前，小云按照爸爸妈妈的要求，给自己准备了一个小小的“应急包”，里面放着一些常用的药品、压缩饼干还有矿泉水，以备不时之需。到了避暑山庄之后，没玩多久，天上忽然下起了大暴雨，不停地冲刷着大地，小云只能和爸爸妈妈在一起躲在位于山腰间的别墅内。到了晚上，大雨还是没有停歇的征兆，这时避暑山庄的工作人员找到了小云一家，告知小云的父母这附近山体松动了，随时都有塌方的危险，让他们

赶紧撤离。小云的父母赶紧带上小云就离开了别墅，沿着山沟的陡坡爬到了高处。就在小云爬到了坡顶时，忽然在不远处传来巨大的轰鸣声，夹杂着石块泥土的洪流从山上扑了下来，将小云刚才住的别墅群淹没了。到了第二天，雨停了，不过下山的道路却被泥石流给冲毁了，游客都被困在了山顶上。这时小云才发现，爸爸的手在攀爬过程中受伤了，留下一条深深的血痕，小云赶忙拿出“急救包”里的矿泉水替爸爸冲洗了伤口，然后递给爸爸纱布和消毒用的酒精，让爸爸处理伤口，又拿出了压缩饼干填饱了肚子，解决了燃眉之急。又过了一天一夜，山间的道路才重新开通了，小云和爸爸妈妈这才顺利获救。因为爸爸的伤口得到了及时包扎，没过多久就完全好了。

父母在带孩子到山区出游前，一定要注意天气预警，确保出行期间的天气状况是良好的，千万不要抱有侥幸心理，主观认为自己不会那么“倒霉”。在出行前，父母也应该告诉孩子到山区时，面对山洪泥石流的一些基本应对措施。

1. 遭遇泥石流不要到泥石流的下游躲避

当遭遇泥石流时，要告诉孩子，应该朝和泥石流呈垂直方向的山坡攀爬，千万不要在惊慌失措下到泥石流的下游躲避。否则泥石流一旦爆发，人奔跑的速度远远不如泥石流奔泻的速度，很容易被泥石流吞没。

2. 若是来不及撤离，应该紧抓附近的大树

山洪泥石流来得太过突然，来不及撤离到安全地带，父母要告诉孩子就近抓紧大树，防止被泥石流吞没，才有一线生机。不要躲在房间里，避免房屋倒塌，被困死在房间里。

3. 被山洪泥石流围困时要保持冷静

如果被洪水泥石流围困在山上，要让孩子保持冷静，不要哭闹，应该要节省体力等待救援人员的救援。一旦发现救援人员，可以高声呼喊或吹口哨吸引救援人员的注意。

第9章
面对生活中的“怎么办”，为父母支招

孩子太喜欢去“探险”怎么办？

有些孩子非常具有“探险精神”，总是不顾父母和老师的劝告，喜欢到危险的地方“探险”，寻求刺激。例如，到破旧的危房里“抓鬼”，到深水河里游泳，甚至攀爬危墙电线杆等等。这些行为都是非常危险的，稍有不慎就很可能给孩子造成不可挽回的后果，给人生带来遗憾。因此，父母必须掌握正确的教育方法，及时阻止孩子这些危险的“探险”行为。

案例

六岁的小刚是一个叛逆的孩子，他的爸爸妈妈工作都很忙，平时很少跟小刚沟通，和小刚的隔阂很大。有一次，小刚爬到楼梯的扶手上玩滑滑梯，摔了下来，手臂被擦破了一大块皮，小刚的妈妈十分心疼，就数落了他两句，没想到小刚第二天居然负气“离家出走”了，他的爸爸妈妈花了许多时间才在天桥底下找到了脏兮兮的小刚。从那以后，小刚的爸爸妈妈只好“小心翼翼”地对待小刚，不敢说一句重话，生怕他再次离家出走。可是，最近小刚的妈妈又开始犯愁了，原来小刚在看完《格列佛游记》的电影之后，竟然迷恋上了“探险”。他带领着几个邻居的小朋友到附近废弃的楼房里进行“探险”活动，想要找到楼房里埋藏的“宝藏”。那是一个危房，随时都会有倒塌的危险，邻居们都十分担心孩子的安危，都不让自家孩子和小刚一起玩闹了。可是倔强的小刚依然没有放弃，还是经常一个人到那栋危房里“寻宝”。终于有一天，就在小刚兴致勃勃地在危房里玩耍时，房梁上悬挂的装饰物忽然掉了下来，砸在了小刚的身上。等小刚醒来的时候，他已经躺在了家里的床上，头上裹着厚厚的纱布，床边坐着泪流满面的妈妈。这次小刚的妈妈并没有责骂小刚，而是将自己的牵肠挂肚和满腹担忧跟小刚倾诉，还不停地诉说自己对于小刚的爱。小刚沉默了，良久之后他抬起头对他的妈妈说道：“妈妈，我以后再也不到危险的地方玩耍了。”从此以后，小刚再也不玩类似的“探险”游戏了。

小刚的父母因为工作关系，跟小刚的沟通很少，导致小刚认为父母都不喜欢他，不爱他。在他遇到危险后，小刚的妈妈说出了心中的爱和担忧，让小刚知道了父母的爱，这才让小刚改掉了不好的习惯，做了一个听话懂事的好孩子。孩子喜欢“探险”，父母可以这么做：

1. “探险”行为是非常危险的

有些孩子之所以喜欢“探险”，是因为他们意识不到这种行为会带来的危险性。所以父母在平时就应该告诉孩子，到处“探险”可能会带来的严重后果，许多孩子知道原因之后，就会打消“探险”的念头了。

2. 打骂孩子不如说出心声

有些家长在得知孩子到危险地方玩耍之后，就开始对孩子进行打骂。这不是解决问题的好方法，反而可能会让孩子产生叛逆心理，进而造成亲子关系的疏远。与其打骂孩子，还不如压下心中的怒火，跟孩子说出作为父母的担心和害怕，告诉孩子爸爸妈妈的爱，和他对于爸爸妈妈的重要性。孩子心思单纯，很容易被父母的真情流露所感动。

孩子过度自我保护怎么办？

小鸡有了蛋壳，隔绝了细菌和病毒，才可能在鸡蛋里孕育，最终破壳而出成为一只健康的小鸡。而孩子的自我保护能力正如小鸡的蛋壳，有了它孩子才能隔绝危险和诱惑，避免许多伤害。可如果孩子的这层“壳”太厚了，固然保护了孩子，但是却也会给孩子的成长带来许多障碍，不利于他们和外部世界的交流。所以，当孩子自我保护过度时，父母一定要帮助孩子打破这层坚硬的外壳。

案例

今天幼儿园的实验课开始了，小朋友们都坐在小圆桌上目不转睛地看老师做演示实验。老师拿来了两盆清水，将一根系好的绳子放入清水中，让小朋友观察绳子在水中呈现的是不规则的图形。当老师滴入一些洗涤剂后，小绳子变成圆形了。五岁的小蓉观察得很认真，但是她却没有像其他小朋友一样争先恐后地趴在桌子上抢着看，而是刻意地和其他小朋友们保持一定的距离。之后，老师又拿起一根针，用镊子轻轻地把针放入清水中，针竟然浮在了水面上，没有沉下去。当老师滴入洗涤剂后，针沉到了盆子的底部。这时老师发现这不但没有引起小蓉的兴趣，反而使小蓉面带惧色向后躲闪起来。老师见小蓉的表现觉得很奇怪，就赶忙让小蓉走近观看实验，不过小蓉却怯怯地不肯靠近。当老师要求小朋友们自己动手操作时，小蓉却猛然地摇起头来，说什么也不肯自己动手，还告诉老师："针是有危险的，我不可以碰它。"

小蓉的表现是很典型的自我保护过度的现象，她对外界事物产生恐惧，不敢尝试和探索新鲜事物，害怕遭遇危险，对身边任何人都缺乏信任。孩子生处单亲家庭没有得到父母的关爱，对外界事物缺乏安全感；性格内向敏感过于谨慎小心不喜欢和外界交流；曾经受过伤害，对外界事物产生恐惧心理等等，都可能是孩子自我保护过度的成因。面对孩子过度的自我保护行为，父母应该这样做：

1. 多花点时间关注孩子

有些父母因为工作原因，把大部分的精力都花在工作上了，对孩子漠不关心，无论孩子做了什么都不能引起父母的注意。长此以往孩子很可能会认为在世界上没有人会帮助他关心他，他是弱小孤独的，于是孩子就把自己严严实实地保护起来，不能接受一点儿外来刺激。所以，父母平时应该多多和孩子沟通，无论工作多忙也应该将一部分精力放在关心孩子上面，关心孩子的生活和学习，关注孩子在学校的表现，经常鼓励孩子参加各种活动，慢慢地孩子就会走出过度自我保护的怪圈。

2. 询问孩子是不是受到了伤害

若是孩子有过度自我保护的征兆，父母应该询问孩子近期都发生了什么事，是不是受到了什么伤害。孩子受到了伤害没有及时的排解，很可能会给孩子的心理造成阴影，让孩子开始回避现实社会。父母应该首先创造一个轻松愉快的谈话氛围，平静的和孩子谈论相关问题，孩子在这种环境下会很有安全感，很容易形成交流。

孩子玩起来就什么都不顾了怎么办？

孩子适当的玩耍可以促进身体发育和智力发展，还可以放松心情，发泄负面情绪，有利于孩子心理健康发展。不过有些孩子十分贪玩，一玩起来就忘记了吃饭，忘记了写作业甚至身处危险之中也不管不顾，遇到这种情况，父母就应该要及早进行干预。

案例

五岁的峰峰活泼好动，只要有一点动静都能分散他的注意力，他甚至不能在椅子上老老实实地坐上五分钟。有一天，峰峰的妈

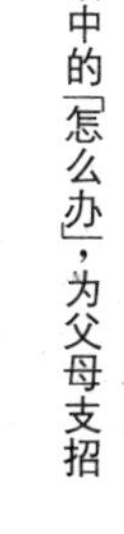

妈带着峰峰到位于城郊的奶奶家玩耍，趁着妈妈和奶奶讲话的间隙，他就偷偷从奶奶家溜了出来，到大街上玩耍。他抱着圆鼓鼓的皮球在人行道上拍打起来，丝毫不顾及身边的行人，好几次峰峰都把皮球砸在了行人身上。有的行人劝阻峰峰，让峰峰不要在人行道上拍皮球，否则可能会发生危险，不过峰峰依然我行我素，丝毫不理会别人的劝告。突然峰峰把皮球拍打到了电线杆上，皮球就滚到马路中间去了，峰峰不顾往来的车辆，直接从人行道上冲到马路中间去捡皮球。峰峰窜出人行道实在太过突然了，在马路上一辆开着面包车的司机发现情况不妙时，刹车已经来不及了，面包车就这样从峰峰的身边擦身而过，将峰峰拽倒在地，瞬间血液就染红了峰峰小小的身体。司机赶忙带着峰峰到医院进行救治，在医生的抢救下，止住了大出血，这才挽回了峰峰的生命。

峰峰在玩耍时肆无忌惮，结果受了伤住进了医院。在玩耍时，父母一定要让自己的孩子有节制，避免出现峰峰这样的意外。孩子玩起来什么都顾不上，可能有以下几点原因：

1. 孩子患了“儿童多动症”

孩子患了多动症，就会表现为整天动个不停，兴趣爱好不持久，注意力无法集中。做事虎头蛇尾，行动没有目标和计划性，不能对自己的行为进行有效地约束和控制。这样的孩子经常表现为贪玩好动，玩起来什么都顾不上，不过父母千万不要轻易地给孩子贴上多动症的“标签”，应该带孩子到正规医院，由医生来诊断孩子是否患有“儿童多动症”。

2. 对孩子的教育力度不够

有些父母因为各种原因，平时对孩子缺乏必要的管教，以至于孩子整日玩耍，生活习惯散漫。缺乏父母必要的引导，以至于孩子对学习缺乏兴趣，一心沉溺于玩耍，没有自控和自我约束能力，这也是孩子容易玩“疯”了的重要原因。父母平时应该多对孩子进行教育,培养孩子的责任感和自我约束能力,改掉散漫的生活习惯这样就可以改掉孩子贪玩的毛病。

3. 饮食不当

孩子饮食不当也会导致行为上的偏差,有些孩子喜欢喝具有兴奋成分的饮料,容易刺激孩子神经,导致孩子贪玩多动。而且有研究表明,孩子挑食、偏食引起的缺铁性贫血也会引起孩子贪玩多动。

孩子的胆子太小了怎么办?

有些孩子十分胆小,他们缺乏自信,和外界的接触很少,在生活中也没有知心朋友,在遇到人多热闹的场合会有退缩和怯场的表现,不敢大胆地展现自己。这类孩子在身体上大多是身体发育迟缓、体质较弱的群体,性格上则表现为内向敏感,不善于和他人交流,情感上很容易受到伤害。父母在面对这类孩子时,要充分照顾到孩子本身的特点,给予正确的引导。

案例

五岁的小丰在幼儿园里是一个很特别的人,他几乎没有朋友,很少和其他小朋友说话。别的小朋友一起游戏时,小丰往往都是一个人坐在角落的椅子上,静静地看着他们玩耍。幼儿园的老师也注意到了小丰的"与众不同",曾经主动和小丰沟通,不过小丰在面对老师时,非常胆怯不敢说话。为此,幼儿园老师找到了小丰的

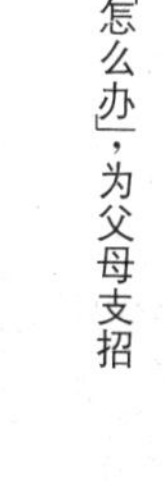

父母,希望能够和他的爸爸妈妈一起来帮助小丰。幼儿园老师到小丰家家访,小丰的父母很热情地招待了幼儿园的老师,并且积极地和她沟通小丰在家里的表现情况。小丰的父母也对小丰的状况十分担忧,却也无可奈何,不知道要拿小丰怎么办。小丰则至始至终地坐在一边,静静地听着老师和爸爸妈妈的谈话。谈话进行了一半时,小丰的爸爸忽然眉头一挑对小丰喝道:“你这孩子,老师都来了这么久了,怎么还是一句话也不说,是不是哑巴了?”小丰听到爸爸的训斥,身体一缩躲在了妈妈的后面,苍白的小脸上满是恐惧。幼儿园的老师似乎也找到小丰恐惧害怕的原因了,在幼儿园老师的指导下,小丰的爸爸妈妈改变了教养方式,一段时间之后小丰果然变得开朗了许多,在幼儿园里也交到了知心朋友。

从这个故事可以看出,小丰的内心并不孤僻和冷漠的,他也渴望友情和交流,只是父母错误的教育方式,让小丰的自信心受到了伤害,才表现出胆小、懦弱的性格特点。所以,父母平时在教育孩子时还需要注意以下几点:

1. 加强对孩子身体的锻炼

孩子若是体质虚弱很容易会胆小怕事,所以在平时要教育孩子不能偏食、厌食,在保证营养全面摄取的同时加强体育锻炼,孩子的身体强壮了,自信心也会得到一定的提升,胆小的问题很可能就会迎刃而解了。

2. 给孩子多一些鼓励,少一些斥责

孩子是需要鼓励的,多鼓励会让孩子的内心变得强大,孩子也会感受到父母对他的期望,因而也会朝着父母所期待的方向发展。太多的批评和斥责会压抑孩子的内心,使孩子的自信心凋零枯萎,变成一个没有主见、胆小懦弱的人。父母在平时教养过程中,一定要注意控制自己的不良情绪,不要带着情绪教育孩子。

3. 不要吓唬孩子

有些孩子不听话,父母时常会说一些话“吓唬”孩子,例如,“再不听话,就让大灰狼吃了你。”、“晚上不能到处乱跑，否则鬼就来找你了。”、“你再调皮，警察叔叔就来了。”诸如此类的话，经常会成为家长控制孩子的“法宝”。孩子的心思单纯，很容易把这些话当真，这样也会导致孩子性格胆小。

孩子总是喜欢爬高怎么办？

学龄前的孩子蹒跚学步，正是对“爬高”充满兴趣的年纪。他们喜欢爬到高高的地方，然后从高处跳下来。这样的行为让许多父母充满了担忧，生怕孩子一不小心从高处掉下来，摔伤了身体。其实孩子喜欢爬高是正常现象，这是孩子探索外部世界的自主行为，家长不应该遏制孩子的“兴趣”，反而应该帮助孩子安全地攀登“高峰”。

案例

刚刚学会走路的小跃，最喜欢在家里爬来爬去了，有时爬到沙发上跳下来，有时则在床上跳来跳去，有时甚至还不顾危险爬到矮柜上。最近又恰逢是奥运时间，电视里时常播放跳水运动员们勇夺金牌的英姿，小跃虽然看不懂，但是跳水这个动作倒是像模像样地学会了，时常站在床边“模仿”运动员的动作从床上跳下来，这可把小跃的妈妈吓了一身冷汗。小跃的妈妈在生小跃时就看过许多育婴方面的书籍，她知道让小跃多爬爬跳跳对他的身体发育有好处，于是小跃的妈妈就想出了一个办法，她在家里的地板上铺上一

层海绵垫，并用柔软的布垫将家里家具的棱角统统包裹起来，以防磕伤小跃。在小跃妈妈的层层保护下，纵然小跃喜欢蹦来跳去，时不时也会摔得哇哇大哭，不过却也只是受一点小伤并没有伤害到筋骨。慢慢地，小跃长大了，也逐渐认识到从太高的地方跳下来的危险性，学会了在游戏中保护自己。

孩子爬高是孩子认识世界、探索世界的过程，而且能够促进孩子大脑额叶和小脑的发育，有助于提高孩子的平衡协调能力和解决问题的能力。家长教育孩子爬高具有危险性的同时，也应该鼓励孩子“爬高”，以使孩子的身体更棒，头脑更聪明。

1. 告诉孩子哪些地方可以爬，哪些地方不能爬

让孩子“爬高”，并不是说就可以让孩子随意攀越，那是十分危险的。父母在平时就应该给孩子规定他的活动范围，让他们在规定的地方进行游戏攀爬，而其他地方则划分为孩子的“禁区”。

2. 加强家里的安全系数

为了方便孩子活动，父母应该提早做好安全措施。给宝宝房间的窗户安装防护栏；把床和椅子放在远离窗户的地方；家具的棱角要用柔软的物体包裹起来；在孩子的床边铺满软垫。这些行为能够大大增加孩子在家的安全系数，即使摔伤那也是在可以控制的范围之内。

3. 孩子爬高时，父母一定要在旁边看护

当孩子爬到高处玩耍时，父母一定要在旁边看护，时刻提醒孩子注意，随时做好过去接应孩子的准备。

孩子总是欺负其他孩子怎么办？

在小区、学校里经常会发现有一些孩子充满攻击性，他们喜欢欺负比自己弱小的孩子，具有很强的攻击性。这是一种常见现象，学龄前的孩子之所以喜欢欺负人，是因为孩子在这个时期还处在语言的发展期，他们不能很好地用语言来表达自己的愿望和要求，当心中产生强烈的情绪时，他们无法述说，有些富有攻击性的孩子很可能就会以欺负人的方式表达出来。面对这样的孩子，在教育时，一定要讲究策略，光靠打骂是解决不了问题的。

案例

两岁的军军是一个健康强壮却又脾气暴躁的小男孩，他见到比自己强壮的孩子时，就会跟在这些孩子后面叫哥哥，一副乖巧温顺的样子。不过当他见到比自己弱小的孩子时，就特别喜欢欺负人。平时军军不仅喜欢大吼大叫吓唬那些比他小的孩子，在玩滑滑梯的时候，看到有比他小的孩子也来凑热闹，他就会上去打别人一巴掌，还抢别人的玩具。每次遇到这种情况，军军的妈妈总会教育军军一番，告诉他欺负人是不好的行为。军军也很快就会认识到自己的错误，也会主动地跟被他欺负的孩子握手道歉，可是过不了几天，又会重新变成老样子，依然我行我素去欺负人。军军的妈

妈觉得很奇怪，她和军军的爸爸都是知书达理的读书人，平时不要说打人了，就是粗口都没爆过几句，而且爸爸妈妈平时对军军也是充满了关怀，那为什么还喜欢打人呢？军军的妈妈不理解，就只好求助于育儿老师，育儿老师交给了军军妈妈一个办法，他让军军的妈妈准备一个小笔记本让军军随身携带，要求军军每次想打人之前，就要扯下一页纸撕碎，然后才能动手。结果奇迹出现了，几个月之后，军军竟然改掉了打人的坏习惯，和其他小朋友之间相处得越来越融洽了。

孩子打人有时候是一个释放能量的过程，他们的身体里面充满了能量，孩子却又不知道正确释放能量的方法，只能通过欺负人这种方式把体内的能量释放出去。军军正是这样的一个孩子，从故事里可以看出军军体内蕴含着负面能量，每次都要依靠打人来释放能量，育儿老师很巧妙地改变了军军释放能量的过程，把打人转换为撕碎纸片，在撕碎纸片的过程中，军军很好地发泄了蕴含在体内的能量，自然也就不再打人了。总的来说，孩子打人的原因有很多，父母在教育孩子时应该要注意以下几点：

1. 不要以暴制暴

当孩子在外面欺负别的小朋友，有些父母就用简单粗暴的打骂的方式来教育孩子，这样不仅解决不了问题，还可能让孩子形成“以暴制暴”的解决问题的模式，强化了孩子的暴力行为。所以，父母应该用一种非暴力的形式来教育孩子的暴力行为。

2. 让孩子用正确的方式释放负能量

学龄前的孩子正处在生长发育的一个高峰，这个时期孩子体内有许多负面能量，他们为了彰显自己的强壮，很可能就会用欺负同学的方式释放出来。父母应该要科学地看待孩子的这种行为，不要带有人格上的偏见，平时可以多带孩子去爬爬山，多做些户外运动，在运动中将这些能量释放出去，这样也会减少孩子暴力事件的发生。

3. 教孩子学会保护弱小

欺负人是一种释放能量的方式，保护比自己弱小的孩子也同样是一种释放能量的方式。父母不妨尝试一下，当孩子要欺负人时，就交给他一个“光荣”的任务，那就是让他保护比他弱小的人。在这样的引导下，孩子的宣泄点就会发生改变，从而改变负面能量释放的方式。

孩子总是喜欢把东西塞到嘴里怎么办？

周岁以内的孩子“吃手”或者拿起什么都往嘴里塞是正常的现象，这对于孩子来说是一种莫大的享受，只要能够保证他们所接触的物品和小手是干净安全的就可以了。不过，孩子长大一点后，还是喜欢把东西往嘴里塞，这就需要引起父母们的重视了，若是一不小心吃进有毒有害的东西，就很可能会伤害到孩子的身体健康。因此，父母应该积极地和孩子沟通，帮助孩子改掉喜欢把东西往嘴里塞的坏习惯。

案例

两岁的小鱼是一个活泼可爱的小女孩，周围的邻居都非常喜欢她，时不时都会递给小鱼一些好吃的零食和糕点。受到别人喜欢这本来是一件好事，不过却也给小鱼的爸爸妈妈带来了不小的烦恼。原来小鱼在不知不觉中养成了无论拿到什么东西都往嘴巴

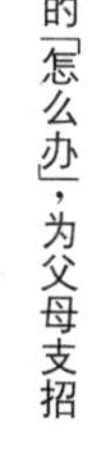

里塞的坏习惯，无论是钥匙扣、铅笔，还是积木，只要是能放进嘴里的东西她都会放到嘴巴里。爸爸妈妈为了让小鱼改掉这个坏习惯尝试了许多办法，却都没有奏效。有一天，小鱼看到过道的角落里有一堆红色的“油炸面条”，看上去香脆可口十分美味，于是小鱼就用小手把这些油炸面条全抓起来往嘴巴里送。小鱼回到家里后，忽然感觉到肚子传来一阵剧痛，嘴唇发紫，身体不停抽搐。小鱼的爸爸妈妈吓坏了，赶忙将小鱼送到了医院，在医生的治疗下，才让小鱼转危为安。原来小鱼吃下去的“油炸面条”是用来毒杀老鼠的，却被小鱼误吞了下去，好在毒性不强，这才没发生什么大事。不过从那以后，小鱼也改掉了坏习惯，再也不敢随便拿东西往嘴里塞了。

小鱼的这个坏习惯是邻居和父母纵容的结果，误吞了老鼠药后，小鱼才真正意识到随便拿东西放在嘴巴里是一件很危险的事情，于是改掉了这个坏习惯。除了习惯之外，体内缺乏某种微量元素抑或是孩子内心压抑需要发泄，也会让孩子有这样的表现。所以，当孩子有拿东西往嘴里塞的习惯时，父母应该从以下几个方面来帮助孩子改掉这个坏习惯。

1. 调节饮食，使孩子营养均衡

父母可以调整孩子平时的膳食结构，保证孩子每天所摄取的营养均衡，保证孩子体内微量元素处在正常的水平。

2. 多与孩子沟通，不要打骂

有些性格火爆的父母，每次看到孩子拿东西放进嘴里，二话不说上去就给孩子两巴掌，打得孩子脸蛋红肿哇哇直哭，可是这样做的效果并不好，过一阵之后，孩子依然会我行我素，继续拿东西塞进嘴里。教育孩子是一个浩大的工程，许多好习惯并不是一朝一夕就能养成的，父母应该要有耐心，采用正确的诱导方式，一点一点改掉孩子的坏习惯。对于孩子积极的行为要及时给予肯定，这样孩子就会越做越好成为父母心中的乖孩子了。

3. 转移孩子的注意力

孩子无聊时，也很容易拿东西往嘴巴里面塞，所以父母发现孩子有这个苗头时，可以让孩子做一些力所能及的劳动，或者给孩子讲故事，让孩子做健身操来转移孩子的注意力。

孩子总是被别的孩子欺负怎么办？

孩子一天天长大，必然要和别的孩子接触，而学龄前的孩子都处在人生中第一个“自我中心期”，在游戏过程中难免会产生纠纷和矛盾。当孩子被人欺负，哭哭啼啼找父母寻求帮助时，有些冲动的父母会直接冲到学校去，将那个欺负人的孩子劈头盖脸地骂一顿，有时甚至还会出手伤人，并且还会教育自己的孩子，以后遇到这种情况一定要直接打回去。还有一些性格温和的父母则会采取息事宁人的态度，告诉孩子学会隐忍，避开那群欺负他的孩子。其实这两种处理方法都不好，父母应该教会孩子在社交中掌握自我保护的能力。

案例

七岁的小若刚刚上小学一年级，有一天他哭哭啼啼地回到了家，身上的衣服也被撕了一道长长的口子，胸口还残留几处红红的抓痕。他扑倒在妈妈怀里大声哭喊，要妈妈帮他“报仇”。妈妈看到小若伤痕累累的模样，又是心疼，又是气愤，不过她还是压下心

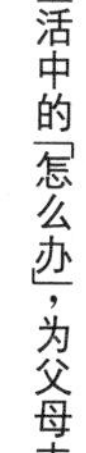

中的情绪和颜悦色地问小若发生了什么事。原来小若的新笔盒很漂亮，他们班级里的“小霸王”胖虎很喜欢，就向小若借笔盒，小若没有同意，胖虎就把小若揍了一顿，并且把小若的笔盒给抢走了。弄清楚前因后果之后，小若的妈妈并没有急于去学校找胖虎理论，而是打了一个电话把小若的遭遇告诉了班主任张老师，等张老师弄清楚前因后果之后，答应小若的妈妈一定会好好处理这件事。接着，小若的妈妈就跟小若说：“胖虎欺负人是不对的，不过他可能确实很喜欢你的笔盒，你不借给他，也不利于小朋友之间团结。”于是，小若的妈妈就让小若明天一早去找胖虎，告诉胖虎笔盒可以借给他，但是他打人是不对的，必须要向小若道歉。说完之后，小若的妈妈又好言安慰了小若几句，小若的心情也平复了。第二天，小若找到了胖虎转达了妈妈的话，胖虎也十分爽快地跟小若道歉了。之后他们两个不但没有变成“仇人”，反而成了很要好的朋友。

孩子游戏时发生冲突和矛盾，是孩子融入到群体之中必不可少的环节，很多时候，孩子们的矛盾有他们自己的解决方式，父母不要轻易干涉。孩子被欺负了，当然会寻求父母的帮助，若是父母强行介入了，反而会破坏孩子在学校的人际圈，导致孩子被孤立，这非常不利于孩子身心的健康成长。有时候孩子在学校里吃点小亏，也并不是什么坏事，父母不要心急，而要教会孩子正确的方法，相信孩子会处理得很好。

1. 使孩子的情绪平静下来，缓解心中的压力

孩子被人欺负了，心里一定很难过，也会感觉到自己很无助，这个时候父母千万不要说一些“你没用”之类的话刺激孩子，应该宽慰孩子，让他的情绪平静下来，并且告诉孩子，打人是不对的，他被人欺负并不是他的错，只要他是真的被欺负了，父母一定会保护他的。这样可以让无助和悲伤之中的孩子得到心灵上的慰藉，缓解内心中的负面情绪。

2. 教会孩子正确的处理方式

孩子被欺负了，并不是一句简简单单的“他打你，你也打他”就能解决问题的，父母应该要教会孩子更加温和的处理办法。若是有孩子想要打他，可以高声呼喊，引来老师的注意。有孩子想要抢他们的东西，首先要让孩子保持冷静，然后告诉这些孩子：“这样东西我也很喜欢，不能送给你，你要玩也只能在我身边玩。如果你要强行拿走，我就会跟老师说，让老师来处理这件事。”一般来说，让孩子这么说，那些喜欢欺负人的孩子也会做出妥协。

孩子的应变能力太差怎么办？

当孩子处在危险之中时，仅仅靠学习过的自我保护知识是不够的，还要有处理突发事件的应变能力，只有将所学过的安全知识灵活地运用于实际之中，才能真正起到自我保护的作用。同时，家长一定要提醒孩子，他们的力量很弱小，遇到事情不要只考虑利用自己的力量解决，应该第一时间寻求成年人的帮助。

案例

七岁的小利是一个聪明伶俐的孩子，有一天他的妈妈带着小利到湖边散步，忽然听见不远的地方传来“噗通”的声音，小利往那边一看，就发现一个人在水里不停地挣扎，小利赶忙拉了拉妈妈的袖口说道：“妈妈，你看那边有人落水了。”小利的妈妈看到了这一

情况，也十分着急，可是她也不会游泳，只能大声地呼叫救命。小利望了望四周，发现周围很安静，除了他和他的妈妈根本没有其他人，这时他的眼前一亮，看见在湖边不远的地方有一个用来做广告的大型泡沫雕塑，小利又拉了拉妈妈的手说道："妈妈，发泡塑料可以浮在水里，我们把那边的泡沫雕塑推到水里去吧。"小利的妈妈听到小利的话，觉得很有道理，赶忙跑了过去，把泡沫雕塑掰断扔到湖里去了。那个落水的人看见有浮起来的物体，立刻就抓住了，保住了性命。这时，听到呼喊声的人也赶了过来，下河将落水者救了上来。聪明的小利也受到公园管理处的夸奖，还给小利发了一笔见义勇为奖金。

从小利的故事我们可以看出，孩子的应变能力是非常重要的，许多防护措施和道理，其实孩子都懂，但是实际运用起来会十分的困难。因为孩子在遇到突发问题时，会惊慌失措，失去判断和思考能力，往往会做出错误的决定。所以，平时父母在教授孩子安全知识时，一定不要忘了培养孩子的自我保护能力。

1. 多和孩子做场景模拟训练

孩子的逻辑思维能力发展滞后，而形象思维能力相对发达，所以在培养孩子的自我保护能力时，千万不要只停留在书本上，应该把这些知识结合到实际情景中和孩子讲解。父母还应该时常和孩子一起做一些情景模拟训练，在现实的环境中，教授孩子自我保护知识。例如在逛公园时，父母可以一边指着湖水，一边对孩子说，一旦落水了，需要怎样自救等等。孩子在这种环境下，就很容易建立条件反射，再遇到类似的问题时，也不至于两眼一黑什么都不知道了。

2. 告诉孩子遇到突发事件要求助成年人

许多父母在教授孩子自我保护能力时，经常会教授孩子他遇到问题应该怎么办，却忽略了求助他人的重要性。孩子年纪小，力量很弱小，遇到许多突发情况，就算知道怎么去解决，很多时候力所不能及，往往会去做一些超出自己能力范畴的事情。例如有人落入水中，他会“勇敢”地跳下去救人，结果不但没有救起落水者，反而造成悲剧。所以，父母应该要告诉孩子，遇到紧急的突发事件，应该求助于身边的成年人。

图书在版编目（CIP）数据

父母新知：培养孩子的自我保护能力/王学明主编．—上海：华东师范大学出版社，2013.4
ISBN 978-7-5675-0551-3

Ⅰ.①父… Ⅱ.①王… Ⅲ.①儿童教育—家庭教育—儿童教育—安全教育 Ⅳ.①G78②X956

中国版本图书馆 CIP 数据核字（2013）第 073319 号

父母新知

培养孩子的自我保护能力

主　　编　王学明
责任编辑　刘　佳
审读编辑　何丹凤
责任校对　高士吟
装帧设计　付　莉

出版发行　华东师范大学出版社
社　　址　上海市中山北路 3663 号　邮编 200062
网　　址　www.ecnupress.com.cn
电　　话　021-60821666　行政传真 021-62572105
客服电话　021-62865537　门市（邮购）电话 021-62869887
地　　址　上海市中山北路 3663 号华东师范大学校内先锋路口
网　　店　http://hdsdcbs.tmall.com

印 刷 者　浙江省临安市曙光印务有限公司
开　　本　787×1092　16 开
印　　张　13.25
字　　数　188 千字
版　　次　2013 年 9 月第 1 版
印　　次　2014 年 10 月第 2 次
书　　号　ISBN 978-7-5675-0551-3/G·6360
定　　价　28.00 元

出 版 人　王 焰